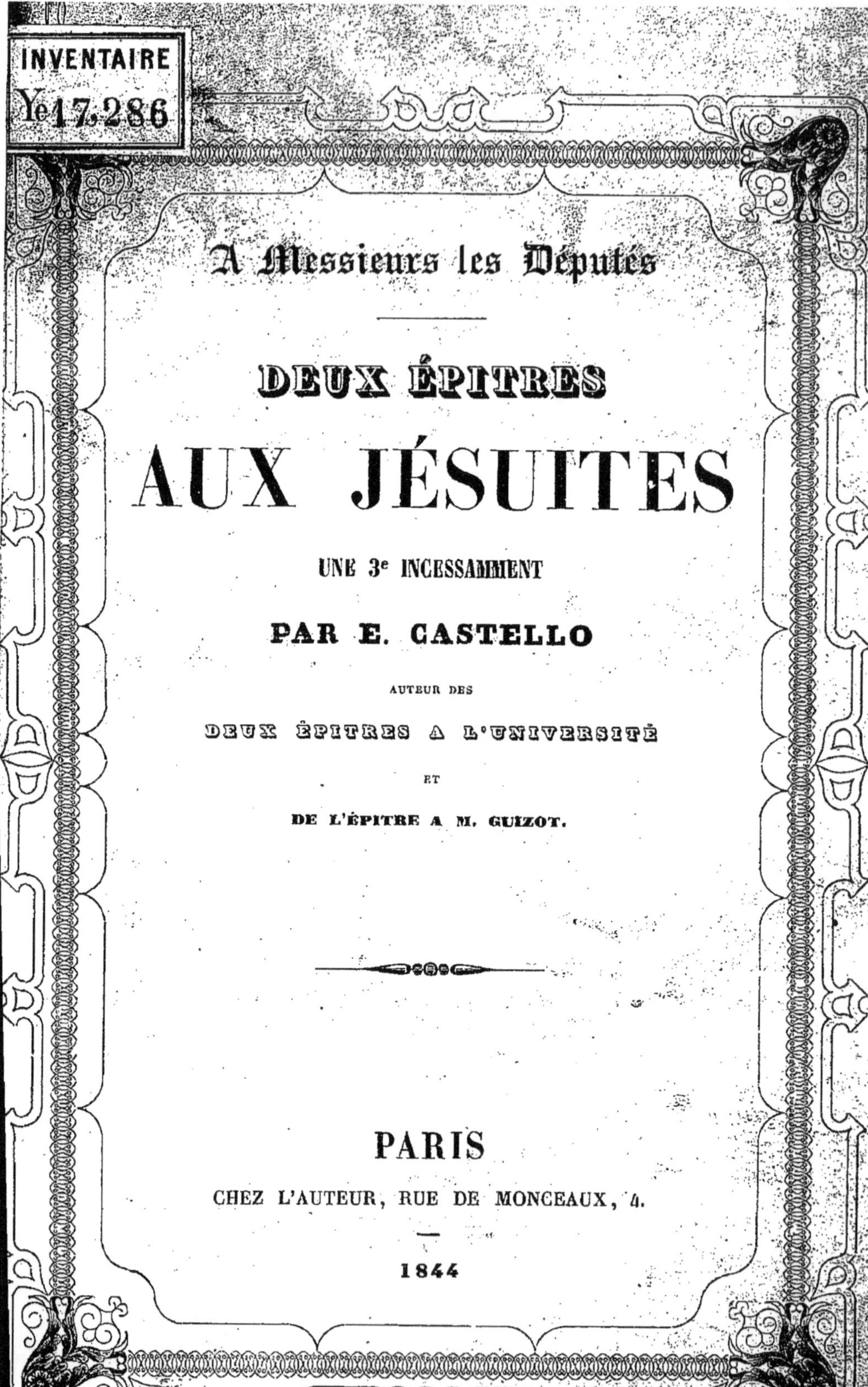

A Messieurs les Députés

DEUX ÉPITRES

AUX JÉSUITES

UNE 3e INCESSAMMENT

PAR E. CASTELLO

AUTEUR DES

DEUX ÉPITRES A L'UNIVERSITÉ

ET

DE L'ÉPITRE A M. GUIZOT.

PARIS

CHEZ L'AUTEUR, RUE DE MONCEAUX, 4.

1844

DEUX ÉPITRES

AUX JÉSUITES

UNE 3ᵉ INCESSAMMENT

PAR E. CASTELLO

AUTEUR DES

DEUX ÉPITRES A L'UNIVERSITÉ

ET

DE L'ÉPITRE A M. GUIZOT.

PARIS

CHEZ L'AUTEUR, RUE DE MONCEAUX, 4.

1844

PARIS. — Typographie LACHAMPE et Comp., rue Damiette, 2.

Députés (nobles Pairs serait plus poétique,
Mais n'offre plus de sens : l'égalité publique
Vous a faits pairs du roi, depuis qu'un droit nouveau
Sur lui, sur eux, sur nous, a passé son niveau),
Détruite tant de fois, et tant de fois proscrite,
L'antique Royauté sous votre aile s'abrite ;
Elle n'osera plus, ou ce serait en vain,
Nier le droit public au nom du droit divin :
Vous lui dictez des lois qu'elle ne peut enfreindre.
Mais si la Royauté, messieurs, n'est plus à craindre,
Craignez ses partisans. Sous les nouveaux étais
Dont vous avez partout flanqué son vieux palais,
Ils se cachent, honteux, même à l'insu du maître,
En silence, attendant le moment de paraître.
Pourquoi? vous le savez : trop sûrs de l'asservir,
En lui laissant le sceptre, ils voudraient lui ravir

Tous les plus beaux joyaux de sa riche couronne,
Respectueusement la lier sur son trône,
Renfermer le pasteur dans le fond d'un sérail,
Et se charger pour lui du soin de son bercail.
Et que peut, seul contre eux, un roi dont la vieillesse
Ou la virilité languit dans la mollesse,
Si, dès ses premiers ans, le Dieu, l'homme sacré,
Façonna son esprit et son âme à son gré?
Que peut même, incrédule, un roi qui se confie
Aux doutes, aux conseils de la philosophie,
Qui résout un problème et, le front abattu,
Va chercher dans un livre une obscure vertu,
Une tradition, chose morte et glacée,
Morte au moins dans le cœur, sinon dans la pensée?
Avons-nous donc besoin d'un roi saint ou savant?
A la France, qui vit, il faut un roi vivant,
Qui vive de sa vie, et qui marche avec elle
Partout où son honneur, où sa gloire l'appelle,
Un roi, l'élu du peuple, ou pupille, ou doyen,
S'honorant, comme vous, du nom de citoyen,
Le premier, s'il se peut, le plus fort, le plus brave,
Qui n'ait plus de sujets, car sujet c'est esclave;
Et désormais, ici, tous, le peuple et le roi,
Égaux, ne seront plus qu'esclaves de la loi.....
Divine? si l'on veut; comment? philosophique?
Problème! en attendant, humaine, politique;
Or, c'est la voix du peuple, et du peuple vainqueur.
La loi divine est sainte; elle s'adresse au cœur,
Au petit comme au grand, au pauvre comme au riche;
La loi philosophique, ainsi qu'elle l'affiche,
A l'esprit..... de la foule? à l'esprit élevé,

Qu'un docteur à brevet aura seul cultivé.
Messieurs, je la respecte, et je fais plus peut-être :
Depuis plus de vingt ans j'apprends à la connaître,
Et je puis affirmer, sans parler au hasard,
Que ce qu'elle a de bon elle le doit à l'art.
Oui, Platon aura beau mépriser la cuisine[1],
De cet art sa science est la proche cousine :
Il faut l'accommoder, et l'assaisonnement,
L'expression, c'est l'art, meilleur que l'argument.
Aussi, faut-il choisir ? Préférons pour Athènes,
A la voix de Platon la voix de Démosthènes :
Cuisine pour cuisine, il me semble, après tout,
Que celle-ci vaut mieux..... c'est affaire de goût.
Non, non, rien d'absolu : sur notre pauvre terre
Tout est heur et malheur ; après la paix la guerre.
Et c'est ce qui m'en plaît : cette variété
Qui prévient le dégoût et la satiété,
A l'estomac malade offre d'heureux remèdes.
Dans les drames anciens, de fréquents intermèdes,
Les chœurs, du spectateur variant les plaisirs,
Éveillaient les regrets, la joie et les désirs ;
Souvent à la terreur de la muse tragique
Succédait la gaîté du drame satirique.
Messieurs, voilà la vie..... et du peuple, et de vous.
Criez : A l'avocat, philosophes jaloux ;
Dites que ces messieurs, pour varier les scènes,
Ulysses et Irus, Hercules et Silènes,
Même le glaive en main, menaçant du regard,
Parlent sucre, perdrix, fromage, soupe au lard.

---

[1] ὀψοποιητική. Lisez le *Gorgias*, surtout le vingt et unième chapitre.

Hé ! n'en mangez-vous pas ? L'ambassadeur samnite
Vint trouver Curius auprès de sa marmite,
On ne peut pas toujours se roidir, se guinder ;
Héraclite souvent a dû se dérider.
Êtes-vous jour et nuit plongés dans vos extases,
Vous ? Les astres des cieux ont eux-mêmes leurs phases.
D'ailleurs ne faut-il pas compter dans sa maison,
Balayer ? Prenez garde..... avec votre raison !
Au théâtre, au Forum, le bruit vous importune ?
Cuisine ? sur la scène ainsi qu'à la tribune ?
Dédaigneux ! Mais, s'il dit avec force et chaleur,
L'orateur donne à tout la vie et la couleur ;
Et s'il parle vertu, justice, honneur, patrie,
Pour ces dieux notre amour devient idolâtrie !
Chez lui, comme chez vous, la foi, la volonté,
Le talent, l'art enfin, voilà la vérité.
Seulement, il a moins de morgue et d'arrogance,
Et n'oserait jamais, dans son extravagance,
Intimer au public des ordres absolus ;
Il dit tout ce qu'il sent ou pense, rien de plus.
Mais si chacun pour vrai donne tout ce qu'il pense,
Au Forum, de rigueur, on compte, l'on balance :
C'est fâcheux ; mais celui qui ne peut le souffrir
S'arme du glaive, alors, et doit vaincre ou mourir.
Voilà pourquoi, messieurs, tels enfin que vous êtes,
Je vous préfère à tous[1]. Forts ou faibles athlètes,
Vous vivez, vous luttez. Témoin de vos débats,
Le Peuple rit ou pleure, ou murmure tout bas,

---

[1] A tout ce qui est, et comme corps politique et nécessaire. Quant aux éternelles questions, du Beau, du Vrai, du Juste, etc., elles resteront toujours dans le domaine de l'Art ou de la Liberté, ce qui est tout un.

Tout haut, s'il aperçoit, accablé sous le nombre,
Le Courage réduit à se cacher dans l'ombre ;
La Patrie éplorée, un voile sur le front,
Dérober à nos yeux quelque sanglant affront,
Ou la corruption, cette infâme Locuste.....
Muse, modère-toi ; la douleur rend injuste !
La douleur ? c'est la vie ; et notre âme en émoi
A de nobles accents ! Messieurs, écoutez-moi ;
C'est la première fois que je vous parle en face :
Oui, j'aime mon pays ; mais je déteste Ignace,
Athée, empoisonneur, corrupteur, assassin,
Renégat et relaps. Vous savez son dessein.
Fermez-lui pour toujours la Sorbonne et l'Église.
Il n'adopta jamais notre noble devise,
Liberté pour le Peuple. Il aime mieux, d'ailleurs,
Avoir affaire au Roi, s'il est seul, qu'à plusieurs,
Qu'à vous. Comment tromper une grande assemblée ?
Il espère emporter la Sorbonne d'emblée.
Messieurs, veillez–y bien : car, je le dis tout haut,
Saint Ignace est docteur, messieurs, ou peu s'en faut.
De la métaphysique à la théologie,
De la tradition à la philologie,
L'intervalle est étroit, d'un saut on le franchit ;
Un ami vous soutient, si le genou fléchit.
Accordez au clergé le moindre privilége
Et soyez sûrs de voir bientôt le sacrilége,
Ignace, l'exploiter. Si vous donnez tout droit
A la Sorbonne, alors, du trou le plus étroit
(Et le vieil édifice, âme et corps, se dessèche),
Il fera sans effort une effroyable brèche ;
Il jouera, s'il le faut, des pieds, des mains, des dents.

Et que deviendrons-nous, lorsqu'il sera dedans,
Supposé qu'il n'ait pas déjà forcé la porte?
De ce jour c'en est fait, et toute vie est morte !
Il étouffera tout (sa règle le prescrit),
Théologien, le cœur ; philosophe, l'esprit.
Liberté, liberté, telle que Dieu la donne,
Pour tous les cœurs français, comme pour la Sorbonne!
Mais, avant tout, il faut attacher au poteau
Ignace et tous les siens, avec cet écriteau :
Athée, empoisonneur..... vous connaissez le reste.
Voilà le seul moyen d'échapper à la peste.

PREMIÈRE ÉPITRE

AUX JÉSUITES

Le ciel est pur encor, mais l'horizon est sombre :
Je ne sais quelle voix a murmuré dans l'ombre ;
Un spectre séculaire a brisé son cercueil,
Et, fier, sur son tombeau se dresse avec orgueil.
Le fard a coloré son visage livide ;
Après un long sommeil[1], ainsi qu'Épiménide,
Il vit de souvenirs et nourrit, insensé,
Dans les jours du présent les rêves du passé.
Mais malheur à tout homme amoureux de mensonges
Qui, l'oreille attentive au récit de ses songes,

[1] 157 ans suivant Théopompe, *apud Val. Max.*, *lib.* 8, *c.* 13 ; 50 ans suivant Varron, *de Ling. lat.*, *lib.* 6, Plutarque, *an Seni cappessend. resp.*, et Tertullien, *de Animâ*, *c.* 44 ; 40 suivant Pausanias, *Attic.*, *c.* 14. Diogène Laërce, *in Epim.* et Pline, *lib.* 7, *c.* 52, rapportent qu'il mit à vieillir autant de jours qu'il avait dormi d'années. En sera-t-il ainsi du jésuitisme ?

Sur leur fausse valeur trop prompt à s'abuser,
Tenterait parmi nous de les réaliser !
Il a vécu. Jamais, emporté dans sa course,
Fleuve, a-t-il tout à coup reflué vers sa source?
A-t-il, un seul moment, aux yeux des matelots,
Arrêté le navire et suspendu ses flots?
Comme un fleuve ici-bas chaque siècle a sa pente
Qu'il suit rapide ou lent; quelquefois il serpente
Et semble reculer; illusion : il fuit
Et double de vitesse, après un long circuit.
Qu'une digue l'arrête, il s'indigne, il la brise,
Et plus fort est l'obstacle et plus forte est la crise :
Tous ses flots sur un point viennent s'amonceler.
Trône, autel, rien n'y fait : le fleuve doit couler;
Le siècle, en s'avançant, de secousse en secousse
Et d'idée en idée, où son esprit le pousse,
Entraîner, morts ou vifs, abîmés ou flottants,
Les hommes et les dieux. Hâtez-vous, il est temps :
Le Siècle, impatient, ne saurait plus attendre;
Dans ses mille détours le sinueux Mæandre
A longtemps serpenté : creusez, élargissez;
Car la pente est rapide et les flots sont pressés.

Hé quoi! vous accusez les fureurs populaires;
Vous redoutez encor de terribles colères,
Et, lorsqu'en frémissant, vous détournez les yeux
Du sanglant échafaud dressé pour vos aïeux,
Instruits à ménager une brutale engeance,
Vous provoquez déjà les coups de sa vengeance?
Qui vous peut assurer d'un succès incertain?
Souvent la vertu même eut un triste destin !

Et vous que, sans rougir, par défaut de courage,
On vit boire la honte et dévorer l'outrage,
Que le Peuple, en trois jours, eût broyé sous ses pas,
Si des lâches pouvaient affronter le trépas,
Vous osez nous jeter une énorme menace,
Vous, les sages, les saints, à nous, la populace?
Oh! c'est par trop oser! c'est être par trop fous!
Et Déjocès[2] lui-même eût-il, autour de nous,
Sur sept points, arrondi l'enceinte d'*Ecbatane*
Qu'il n'arrêterait pas la hache gallicane!
Que n'avez-vous ainsi bravé notre fureur,
Quand le bronze, impuissant à semer la terreur,
En grondant, vomissait de ses noires entrailles,
Sur nos rangs désarmés, ses flots de funérailles?
Cette heure était propice à vider nos débats!

Crédule et généreux dans ces derniers combats,
Le soleil de juillet dans mon âme aguerrie
De mon jeune courage échauffant la furie,
J'arborai des premiers, au sein de la cité,
L'étendard de la gloire et de la liberté.
O fatales couleurs dont les reflets magiques
Éclairaient d'un jour faux ces images antiques,
Vous m'avez ébloui! votre éclat radieux
Prête un charme trompeur au culte des faux dieux.
Mais dévouant ma tête à de vaines idoles,
Je réservai l'encens. Sobre de mes paroles,

[1] Relisez dans Hérodote, livre I, les 96, 97, 98 et 99ᵉ chap., empreints d'une délicieuse naïveté; remarquez surtout l'artifice de la progression et la terrible opposition : ὁ δ' ἐκέλευε... ποιεῦσι δὴ ταῦτα οἱ Μῆδοι... τείχεα μεγάλα τε καὶ καρτερά....! Il ordonne.. ... les Mèdes le font..... des murs hauts et solides.

Si j'ai longtemps rongé, si je brise le mors,
Je puis les blasphémer, aujourd'hui, sans remords.
Aussi bien que mon cœur ma langue libre et pure
N'aura point au blasphème ajouté le parjure,
Par sa palinodie, insultant au malheur,
Payé l'impunité de ma folle valeur.

Lorsqu'après le triomphe, une foule affamée
D'escompter ses frayeurs chargeait la Renommée,
Qu'un témoin parasite au maître du festin
D'un exploit fabuleux signait le bulletin,
Si, pour mieux témoigner de ma vertu civique,
Comme un soldat de Rome écartant ma tunique,
J'avais ouvert mon sein dans la lutte meurtri,
D'un maître improvisé sujet ou favori,
Qui sait? d'un œil jaloux on me verrait peut-être,
Sous le frac d'un préfet ou d'un garde champêtre,
Faire tout à la fois la force et l'ornement
D'un chef-lieu de canton ou de département.

Couchant la liberté sur le lit de Procuste,
Octave, je te vois, pour exalter Auguste,
Sur les degrés du trône où, tremblant, tu t'assieds,
Élever chaque esclave au niveau de tes pieds.
César eut plus d'orgueil, et toi plus d'impudence!
Les mœurs et les vertus tombaient en décadence;
Le peu qu'il en restait plia sous ta raison ;
Le génie eut encore une arrière-saison.
Lorsque tout dépérit sur un sol si stérile,
Poussent plus vigoureux les lauriers de Virgile ;
Mécène les arrose, et la Patrie en pleurs

Voit ses derniers enfants te couronner de fleurs.
Heureux Auguste! heureux, les vaincus de Philippes!
D'Archiloque[1] adoptant la honte et les principes,
Quoique à regret[2], Horace, effrayé du danger,
Avait jeté la parme et fui d'un pied léger :
Ce fut assez pour lui : j'aurais fait davantage ;
Car je n'eus point du ciel la prudence en partage,
Et de la guerre encor je courrais les hasards,
Si Brutus et Caton levaient leurs étendards,
Si de ce Peuple-Roi quelque nouvel Octave,
A force d'étrécir tunique et laticlave,
S'arrogeait la dépouille, habile usurpateur,
Pontife, imperator, tribun, censeur, préteur.

Nos vertus, citoyens, sont-elles donc éteintes?
Non, je ne puis le croire : il est des âmes saintes
Où le rayon céleste, une fois concentré,
A leur foyer brûlant nourrit le feu sacré.
Toujours il en jaillit de vives étincelles :
Et l'âme et la vertu sont deux sœurs immortelles,
Deux principes divins, qui du monde des corps
Éternisent la vie et règlent les accords.
De leur mâle concert la puissante harmonie
Se traduit par deux noms : la force et le génie.

[1] Ψυχην δ' ἐξεσάωσα φυγων ἀλλ' ασπις εκεινη
Ἑρρέτω, ἧς αὖθις κτήσομαι οὐ κακίω.

« J'ai sauvé ma vie en fuyant. Périsse ce bouclier; j'en acquerrai un autre qui le vaudra bien. » Dans Plutarque, *Apothth. des Lacéd.* Alcée ne fit pas mieux, et l'on connaît le mot de Démosthène : Ἀνὴρ δὲ φεύγων καὶ πάλιν μαχήσεται. Celui qui fuit peut de nouveau combattre.

[2] Non benè; od. 7, lib. ii.

Corps de boue et de fiel, pétris par les démons,
Enfants de Loyola, connaissez-vous ces noms?
Votre langue perfide, instrument de malice,
A consacré les noms de ruse et d'artifice.
Voilà votre vertu : vous ne croyez à rien ;
Tout-puissants pour le mal, impuissants pour le bien,
Comme ces loups de mer qu'on voit après l'orage
Ramasser les débris épars sur le rivage,
Après une victoire acquise à nos efforts,
Vous venez enlever la dépouille des morts.
Errants, comme Caïn, sans foyer, sans patrie,
Sur un autel d'emprunt, théâtre d'industrie,
Vous trafiquez de l'âme et de Dieu, vils marchands!
Du peuple, pas à pas, vous suivez les penchants
Et colportez partout avec le fanatisme
Les symboles abjects d'un grossier fétichisme.
Tout commerce rapporte à la société :
Que le pécheur solvable à votre impiété
Offre un droit de courtage et son fardeau s'allége ;
Indigent, il s'aggrave et, pour ce sacrilége,
Le joug le plus léger devient un joug de fer ;
Si le ciel lui sourit, vous parlez de l'enfer.
Nous prenez-vous aussi pour un peuple barbare ?
Avez-vous oublié surtout que le Tartare,
Dans son gouffre, abîmait les traîtres et les rois
Qui de l'homme et des dieux méconnurent les droits[1]?

---

[1] Voyez surtout Fénelon. *Télém*. liv. VII.

Discite justitiam, moniti, et non temnere divos.
Vendidit hic auro patriam, dominumque potentem
Imposuit ; fixit leges pretio atque refixit.
Æn. VI, 620.

Que le Dante, indigné, dans ses noires spirales
Fait peser tout le poids des voûtes infernales
Sur Simon, sur Judas [1]? Anathème sur vous!
Si vous bravez du ciel l'invisible courroux,
Dans nos ardentes mains voyez briller la foudre,
Vous êtes condamnés : rien ne peut vous absoudre.

Fougueux dominicains, aux yeux étincelants,
Vous avez les premiers dans vos fastes sanglants
Inscrit les noms sacrés des plus saintes victimes :
L'Évangile à jamais est souillé par vos crimes !
En vain, pour effacer tant de honte et d'affronts,
Tous les flots du Jourdain couleraient sur vos fronts.
Jamais sur ses autels, de son glaive homicide,
Le prêtre de Diane, au fond de la Tauride,
Ne déchira les flancs de plus de malheureux;
Jamais, dans ses forêts, sur un dolmen affreux,
Le druide, dévouant le coupable aux supplices,
N'effraya les Gaulois par plus de sacrifices.
Entonnez, entonnez vos cantiques pieux,
Aux fureurs de la terre associez les cieux;

[1]

> O Simon mago, o miseri seguaci
> Che le cose di Dio. . . . .
> Per oro e per argento adulterate.

Plus bas, le pape Nicolas III dit lui-même :

> Di sotto al capo mio son gli altri tutti
> Che precedetter me simoneggiando.

Dell' inf. c. xix.

et au **XXIV**e et dernier :

> Quell' anima lassù ch' ha maggior pena
> . . . . è Giuda scariotto.

Certes, je n'armerais jamais ma main d'un poignard ; mais je suis fâché cependant de trouver Brutus et Cassius en aussi mauvaise compagnie.

Aux barbares plaisirs de votre amphithéâtre
Conviez de chrétiens cette foule idolâtre,
Moines et hidalgos, artistes et beautés
Dont les yeux scintillaient aux divines clartés,
Dont les cœurs s'embrasaient à la céleste flamme
Des bûchers allumés par votre secte infâme;
Les prières, les ris, les baisers des amants
Étouffaient des martyrs les sourds gémissements[1]!

O justice de Dieu! Mais silence, ma bouche,
La justice de Dieu n'est pas ce qui les touche,
Et ma main ne doit pas au delà du tombeau,
Dans l'ombre de la nuit, allumer le flambeau
Qui refléterait mal ses lueurs incertaines
Sur l'air toujours flottant de ses rives lointaines.
A l'homme la vengeance, à Dieu seul le pardon[2]!
De la dette céleste on vous fait l'abandon;
Mais gardez-vous au moins de donner à la terre,
Lorsque tout dort en paix, le signal de la guerre.
Ce sommeil est léger : des rêves importuns
Troublent de temps en temps le repos des tribuns,
Et le Peuple, assoupi dans le sein de l'ivresse,
Se réveille en sursaut lorsqu'une main traîtresse,
Pour s'assurer de lui l'étreint en le berçant;
Que, d'un accent lugubre ou d'un ton menaçant,
Trop rude à son oreille, une voix mensongère
Prononce quelques mots d'une langue étrangère.
Dans sa veine déjà le sang fermente et bout;
Encore un mot de plus, et le peuple est debout.

[1] Voyez la note de la première épitre à l'Université, p. 23.
[2] La proposition inverse est bien moins rationnelle.

Que ferez-vous alors? Reployant vos bannières,
Vous vous enfouirez dans vos sombres tanières :
L'Alsace, l'Italie et cinq ou six Cantons,
La Belgique et l'Autriche aux pieux vagabonds,
Sur la frontière hostile où la guerre s'apprête,
Bienveillants, offriront une sûre retraite.
Le tigre, raccourci sous la peau du renard,
Se dissimulera; l'œil farouche et hagard,
Attendra le moment de s'allonger, s'accroître;
Sur le roc de Saint-Pierre et la dalle du cloître
Aiguisera sa griffe, aiguisera ses dents.
Ignace aura partout ses discrets confidents
De tout rang, de tout sexe et tout âge; le traître,
N'osant plus endosser la soutane du prêtre,
Prendra l'habit français : diplomate, orateur,
Soldat, préfet, ministre et quatre fois docteur,
Receveur, directeur public, privé, n'importe,
Toujours prêt à grossir sa famélique escorte,
Aspostillera tout; signera le brevet,
Le diplôme, ouvrira les places, le budget,
Sûr de pouvoir ainsi de province en province,
Ennemi du pays, de nos lois et du prince,
De l'intrigue agiter le tortueux fuseau,
Et, perfide oiseleur, étendre le réseau
Dont les fils déliés aboutissent, en France,
Du centre à tous les points de la circonférence.

Hélas! que dirais-tu, subtil Anacharsis?
La toile d'araignée ¹ étrangle les petits

¹ Μηδὲν τῶν ἀραχνίων διαφέρειν (τοὺς νόμους) ἀλλ' ὡς ἐκεῖνα, τοὺς μὲν ἀσθενεῖς

Et crève sous les gros ; mais les petits, en masse,
Se tenant par la main, un beau jour, dans leur nasse
Étranglent les plus gros, tous ces gens sans aveu
Pour qui peuples ou rois ou patrie est un jeu.
Eh bien, jouons encore à ces jeux téméraires :
Faut-il jeter les dés? Qu'en pensez-vous, mes Pères?
Vous êtes bien rusés, et l'appât du butin
Vous engage peut-être à tenter le destin?
Peut-être pouvez-vous en soulever le voile?
Du haut de nos remparts consultez votre étoile;
Approchez-vous des dieux et prenez leur avis.
Le peuple restera sur les sacrés parvis,
Sur la place publique, attendant en silence
Que le tonnerre gronde et la foudre s'élance :
C'est un jeu qui nous plaît. Archanges, à vos rangs !
A vos pièces, là-haut. Si petits et si grands!
Mais, d'un saut, nous allons bondir à votre place,
Précipiter sur vous les rochers du Parnasse,
Écraser sous leur poids un avide étranger[1] !
Préparez le combat avant de l'engager.

Quoi! vous en redoutez les périlleuses chances?
Calmez-vous. Vous voilà dans de mortelles transes !
De son manteau la Nuit va vous envelopper :
Du glaive de la loi cherchez à nous frapper,

καὶ λεπτοὺς τῶν ἁλισκομένων καθέξειν, ὑπὸ δὲ τῶν δυνατῶν καὶ πλουσίων διαρ-
ρηγήσεσθαι. *Plut. in Solon.* V. « Les lois ne diffèrent en rien des toiles d'arai-
gnées : comme ces toiles, elles peuvent retenir les faibles et les petits qui s'y
prennent; mais elles sont déchirées par les riches et les puissants.

[1] Comme il arriva (Hérodote VIII, 37) à un détachement des troupes de
Xerxès et (Pausanias, Phoc. XXIII) aux Gaulois sous la conduite d'un Brenn,
nommé Prausus par Strabon, IV. Πραῦσον τινὲς φασίν.

Si vous pouvez enfin désarmer la justice :
C'est plus sûr. Que jamais le coup ne retentisse ;
Point d'éclat indiscret : frappez en caressant.
Très-bien : votre triomphe ira toujours croissant.
Dormez de ce sommeil si cher à l'Empirisme ;
Le corps le plus opaque avec le magnétisme
Deviendra diaphane, et pour lire au travers,
Ignace aura sous lui ses compères divers,
Que le barreau, l'Église ou la bureaucratie
Nourrit dans les douceurs d'une molle inertie,
Ces monstres ambigus, Ganymèdes, Hébés,
Matrones sans époux, imberbes Sigisbés,
Et tous ces espions, Lynx, Argus et reptiles
Qui se glissent partout, dans nos champs, dans nos villes ;
Pas de coin dans l'État qui ne soit infecté
Des fétides vapeurs de leur malignité.
Depuis l'humble cabane où le pauvre s'abrite,
Jusqu'au palais des rois, vertu, gloire, mérite,
Tout est souillé par eux ; les reptiles impurs
Serpentent, et, rampant par les sentiers obscurs,
Enlacent de leurs nœuds, salissent de leur bave
La victime inhabile à délier l'entrave.
Un instant de sommeil, et vous êtes surpris.

C'est surtout dans les murs, les fanges de Paris,
Qu'on peut voir fourmiller ces espèces immondes :
Là, de tous les égouts viennent croupir les ondes,
Des plus mortels poisons fermente la liqueur,
Où le sang et la vie abondent dans le cœur.
Des sucs pernicieux la goutte délétère
A-t-elle pénétré, vie et sang, tout s'altère.

De vaisseaux en vaisseaux, plus actif et plus prompt,
Le virus y circule et le corps se corrompt.
Ignace l'a compris. C'est dans ce microscome
Que le Satan rugit ou siffle autour de l'homme ;
Il l'assiége, il l'étreint. De cet heureux séjour
Il a fait son enfer ; neuf fois dans son contour
A replié le Styx [1] ; une épaisse fumée
Y dérobe aux regards sa ténébreuse armée.
C'est là qu'à la faveur du tumulte et du bruit,
L'Intrigue la recrute et la Ruse l'instruit ;
A son gré la concentre, à son gré l'éparpille ;
Dans les rangs de la foule, au sein de la famille,
Elle porte sur tout un regard pénétrant.
Dans le cœur de l'État rien n'est indifférent :
Le vice ou la vertu s'y transforme en essence ;
Chaque membre est ressort, chaque nombre est puissance,
Multipliant toujours leurs forces, leurs rapports.
Satan divise, fausse et nombres et ressorts ;
Aux agents du Pouvoir inspire leur mollesse
Et sait mettre à profit leur honte ou leur faiblesse.
Il décoche sur eux tous ses traits à la fois ;
A son arc meurtrier fait flèche de tout bois :
La Haine, les Soupçons, la Vengeance, l'Envie
En acèrent la pointe ; aucune ne dévie ;
Toutes frappent au but ; la Calomnie, enfin,
Élargit la blessure, y verse son venin.
Si le fier ennemi peut défier ces armes,
D'une force plus douce il emprunte les charmes,

[1] . . . . Et novies Styx interfusa coercet.
Æn. VI, 439.

Flatte les passions et fait briller l'espoir.
Ainsi que l'alouette, aux reflets du miroir,
L'âme s'y laisse prendre ; aveugle en sa folie,
A peine elle aperçoit la chaîne qui la lie,
Surtout lorsque l'Amour, souriant à ses vœux,
En a tressé les fils et serré tous les nœuds.

Serpent insidieux ! Femme, esclave et maîtresse !
Sais-tu ce que Satan a déployé d'adresse
Pour s'assurer de toi, t'abuser et flétrir
Cette fleur de vertu que j'appris à chérir ?
Tu fais un premier pas, et tu le fais sans crime ;
Il le voit, il le sait et te pousse à l'abîme.
Tu recules en vain : sur ce terrain glissant
Tu rouleras toujours, toujours en avançant ;
De chute en chute, hélas ! entraînant sur tes traces,
Dans l'abîme, tous ceux qu'ont éblouis tes grâces.
Si tu te plains, Ignace élèvera la voix ;
Celui qui t'a séduite est soumis à ses lois.
Crois-tu que ton honneur ou le sien le retienne?
Il lui donna son âme, il lui vendra la tienne.
Ainsi le front marqué d'un impudique sceau,
Au perfide oiseleur tu serviras d'appeau,
D'abord insouciante, et bientôt avec zèle,
Parjure à tes amis, à ton maître infidèle
Et, malgré toi souvent, hostile à ton époux.
Ignace peut montrer, à ses regards jaloux,
De ton précoce amour quelque preuve vivante
Ou trahir le secret d'une faute récente.
C'en est fait : tue ou meurs, il n'est pas de milieu,
Pour la plus grande gloire et d'Ignace et de Dieu.

Effacez du contrat cette griffe d'Ignace,
Le malheur d'un époux n'est plus qu'une disgrâce
Ou publique ou privée, et l'on a dit, je crois,
Commune à bien des gens, aux sujets comme aux rois.
L'essor prématuré d'une belle étourdie
N'est qu'un jeu de l'Amour ou de la Perfidie
Que la Folie approuve et la Sagesse absout ;
Qui d'un père indulgent, et toujours, et partout,
Sur sa fille devrait concentrer la tendresse ;
Qu'enfin la Poésie, aimable enchanteresse,
Offre à l'oreille, aux yeux, sans blesser la pudeur.
Mais le poëte, ici, naïf avec candeur,
Ou souple avec finesse, oserait-il, sans honte,
Dire, idéaliser la morale à bon compte
Du bienheureux Ignace ? exalter, en public
Et par raison d'État, le scandaleux trafic,
La traite politique et, partant, méritoire,
Qu'il exerce et toujours pour sa plus grande gloire ?
Subtilisons. A lui les Grâces et les Ris,
Les hâtives primeurs de ces jeunes houris
Qu'une mère obligeante, à l'écart de la foule,
Fait éclore en tous temps dans les boudoirs du Roule.
Si ce mets insipide aux sens trop émoussés
Ne dit rien ; s'il leur faut des mets plus épicés,
Ignace les emprunte au sol de l'Italie,
Arrache à leur tréteaux Terpsychore et Thalie,
Et Melpomène, enfin, du bout de son poignard
Saigne à blanc, sur son lit, l'infortuné vieillard,
Qui, les flancs épuisés, dort, après cette escrime,
Jusqu'au surlendemain. Le secrétaire intime
Succède à tous ses droits, veille et pense pour lui ;

Ignace est son conseil, sa force et son appui.

Pour l'heure, il abandonne à de vieilles servantes,
Presque autant que leur maître en intrigue savantes,
La couche des vieillards et leurs menus plaisirs.
Des soins plus importants occupent ses loisirs.
Aux yeux de ces barbons la lumière est ravie ;
Et, d'excès en excès, précipitant leur vie,
L'Amour ouvre pour eux les portes du tombeau.
Ignace, cependant, joue autour d'un berceau ;
Comme une tendre mère il prépare des langes,
Pour mieux emmaillotter ces jolis petits anges,
Les premiers nés de l'homme.... et, tuteur subrogé,
Usurpant un à un les titres du clergé,
Commande le respect, trompe la confiance.

Mes Pères, du courage et de la patience.
Déjà le Luxembourg est pris au dépourvu ;
Vous deviez partager, et je l'avais prévu [1] ;
Tous vos mineurs secrets, pour le prochain décembre,
Sapent, avant l'assaut, les forts de la Grand'-Chambre.
Dans l'attente du jour où l'Université
Sur son propre terrain, pied à pied disputé,
Laissera s'élever une nouvelle chaire,
Vous mettrez, sous ses yeux, les vieilles à l'enchère ;
Vous vous introduirez, d'abord inaperçus :
Titre légal, diplôme, et vous serez reçus ;
Et lorsque dans ses rangs vous vous croirez en nombre,
Arrivés au sommet, sans rivaux, sans encombre,

[1] Première épitre à l'Université, p. 28.

Vous pourrez à votre aise y planter un jalon ;
Inspecteurs, professeurs, armés de l'étalon,
Du mètre décimal gravé sur le pilastre,
Arpenter le domaine, en dresser le cadastre,
Exproprier d'office un dangereux voisin [1]
Et creuser une tombe à l'obstiné Cousin.
Hélas ! je n'aurai pas le courage d'en rire :
Le malheur a toujours désarmé la satire.
On dit qu'il a du bon, et je le crois aussi ;
Mais lorsque je le vois, à côté de Rossi,
Porter un même habit, fait d'une même étoffe,
Je hais le publiciste et crains le philosophe.

Je suis Français natif : j'ai du cœur, c'est mon lot ;
Et depuis que Genève, à la voix de Guizot,
Se rapproche de Rome, et Rome de Lutèce,
Je me rapproche, moi, de ceux de mon espèce,
Qui mettraient, au besoin, la langue au bout du bras.
L'éclectisme me pèse avec tout son fatras :
J'aime qu'on soit Platon, Aristote ou Ménippe ;
Oui, Ménippe ! Riez : ainsi fait Aristippe ;
Il change mieux que lui d'habit et de couleur ;
D'un principe il sait mieux altérer la valeur [2].

---

[1] Le collége de France.
[2] Diog. : Si pranderet olus patienter, regibus uti
           Nollet Aristippus,
Arist. :   Si sciret regibus uti
           Fastidiret olus qui me notat. . . . .
. . . . , ...
                      Rectius hoc et
        Splendidius multo est equus ut me portet, alat rex.
. . . .

Pour moi, je vous l'ai dit, le principe est tout l'homme [1],
Des mœurs et des vertus, l'expression, la somme.
Je suppose toujours que le principe abstrait
A reproduit son âme et son cœur trait pour trait
Et qu'enfin la parole, avec art exercée,
N'a jamais de l'esprit déguisé là pensée [2].
Mais je ne sais pourquoi, plus je fixe mes yeux
Sur tant de fronts sereins à demi sérieux,
Cette lèvre moqueuse où perce le sourire,
Et plus, en vérité, je suis tenté de dire :
Vous n'êtes pas Brutus. Pardonnez-moi ce mot.
Maîtres, vous le savez, il n'est que plus d'un sot
Qui voit encor briller dans votre République
Les dernières lueurs d'une vertu stoïque.
Ne vous alarmez pas : l'œil perçant du Pouvoir,
Peut-être mieux que vous, saurait apercevoir
Si du vaste incendie étouffé dans nos âmes
Votre souffle indiscret peut raviver les flammes.
Mais Rossi garantit votre tempérament :
Oun princhipe, le feu, n'est pas votre élément,
Et jamais parmi vous, au haut de l'Empyrée,
Docteur n'eût dérobé l'étincelle sacrée
Ou d'un tyran nouveau, jaloux de ce larcin,
Affronté les carreaux dirigés sur son sein.
Némésis est cruelle, et le fouet d'Ignace
Des plus mutins pourrait ensanglanter... la face.
Malheur aux dieux vaincus ! Jupiter, irrité,

Omnis Aristippum decuit color et status et res.

HORACE, Épist. I, XVII, 13.

[1] Première épître à l'Université, p. 8.
[2] *Talleyrand :* La parole a été donnée à l'homme pour déguiser sa pensée.

Sans respect pour les droits de la paternité,
De sa faux, à Saturne [1] abat ou subdivise
Ce que trancha Fulbert à l'amant d'Héloïse.

Si Rome contre vous bornait là sa rigueur,
Vous n'y perdriez du moins qu'un membre sans vigueur,
Inutile au Lévite, au Docteur incommode,
Et qu'on doit supprimer par article du Code,
Si l'on veut que l'Esprit, ferme en ses volontés,
Jamais vaincu, ne cède à ses velléités.
Peut-être qu'aujourd'hui, sans ce fatal obstacle,
Muet et prosterné devant le tabernacle,
Je prîrais, et l'Amour n'aurait point combattu
Par l'attrait du plaisir ma fragile vertu.
Plus de désirs secrets, plus d'angoisse nocturne,
Si Jupiter d'abord eût mutilé Saturne.
Il ne sied pas non plus à l'austère Docteur
De vaquer sottement à l'acte producteur.
Observez de quel air, avec quelle malice,
Les rusés vétérans se raillent du novice
Qui croit que la science, avec la liberté,
Se transmet aux enfants par droit d'hérédité ;
Que Xantippe en fureur, par ses cris, par ses ruses,
Ne troublera jamais le chœur sacré des Muses ?
Sans doute, je le sais, bien des fois, tour à tour,

[1] Saturne avait déjà fait subir le même traitement à Uranus son père. Hésiode : *Theog.*, et Sanchoniaton dans le fragment dont l'authenticité est contestée et que rapporte Eusèbe : *Prépar. évang.* liv. I, c. 9 et 10. Ce mythe avait été célébré antérieurement à Hésiode, comme on peut le voir par un autre fragment d'Orphée : Ἔνθ' οὔ ν' Ὠκεανὸς... νόον τράποι ἢ... ἀτάσθαλα λωβήσαιτο. Proclus, *in Timæum*, p. 295. Hélas ! rien de si vigoureux que le temps ne frappe d'impuissance.

Guizot sut allier la Doctrine et l'Amour ;
De son lingam, Guignaud, expert en symbolique,
Féconder du lotus la corolle mystique,
Et Patin, qu'Euripide avait trop attendri,
Le cœur plein, le sang chaud et le corps amaigri,
Peut croire au dévoûment d'une sublime Alceste,
Lui devoir, le repos, le bonheur et le reste ;
Caïx... mais tous ces cas, par leur énormité,
N'attaquent pas la règle, et, tout bien consulté,
Ignace, qui l'estime aussi belle que bonne,
Peut s'armer de la faux et châtrer la Sorbonne.
L'auteur de *Lascaris*, dont le moelleux pastel
A radouci les traits si rudes de Cromwell,
Et menacé longtemps de déguiser Grégoire [1],
N'eût jamais marié le roman à l'histoire,
Circoncis à propos. Fatale puberté !
A peine il se soutient, et, critique éreinté,
Il veut charger encor sur ses deux omoplates
Les dieux de la patrie et ses propres Pénates,
Femme, enfant. Malheureux ! dépose ces fardeaux !
Enée eût succombé ; mais il courbe le dos,
Se roidit, tout voûté ; l'Atlas académique
Fait preuve en succombant d'un effort héroïque ;
Il va frapper la terre ; Ignace, plus adroit,
Escalade le ciel, ou du moins on le croit.

Ce n'est pas vers le ciel qu'il prendra sa volée :
Tout aussi positif que le fils de Pélée,
Pour l'espace et le vide il nourrit trop d'horreur.

[1] Grégoire VII.

Mieux aimerait [1], valet d'un pauvre laboureur,
Remuer de ses mains le fumier, les décombres,
Que de régner toujours dans l'empire des Ombres ;
Puis il est si modeste et si ferme en sa foi !
Écoutez-le : laissez, laissez venir à moi
Tous ces petits enfants [2], charmantes créatures :
Je serai leur valet, balayant leurs ordures.
Le dernier parmi nous deviendra le premier,
S'il est humble, s'il sait remuer le fumier.
Grâce au fertile engrais, la terre fructifie.
Puis un peu d'eau lustrale, et l'on se purifie [3].

Je dis ce que je sais, et je le dis bien mieux.
Je n'ai point avec art, poëte ingénieux,
Abusé de mes droits, et permis à ma Muse
D'inventer à plaisir une histoire confuse.
Dans le cloître souffrez que je jette un coup d'œil ;
Mais je dois un moment m'arrêter sur le seuil.

[1] Odyss. XI, 489. Βουλοίμην, etc., et Lucien : *Achille et Antiloque.*

[2] Sinite puellos venire ad me. Saint Marc, X, 14, et saint Luc, XVIII, 16.

[3] Absolution..... pour celui qui a écrit de fausses lettres de témoignage, Gross. VI ; pour celui qui dans l'église a connu une femme charnellement, ou a commis d'autres méfaits, Gross. VI ; qui a connu charnellement sa mère, sa sœur, etc., Gross. V ; défloré une vierge, Gross. VI ; pour le prêtre simoniaque, Gross. VII ; parjure, Gross. VI ; qui a révélé la confession, Gross. VII, etc., etc.

Taxes de la chancellerie et de la pénitencerie apostoliques, imprimées à Rome, 1514 ; Cologne, 1515 ; *ibid.* 1523 ; Paris, 1520, apud Tossanum Denis in vico S. Jacobi, ad Crucem ligneam ; Venise, 1584, etc., etc.

DEUXIÈME ÉPITRE

AUX JÉSUITES.

Avant de pénétrer au fond d'un ossuaire,
Saisi de cette horreur profonde, involontaire,
Qu'inspire à tout mortel, au bord du monument,
De son sort trop certain le noir pressentiment,
Le plus audacieux frémit; si l'heure sonne,
Il écoute, il se trouble, et tout son corps frissonne;
Le regard inquiet et le front soucieux,
Il craint d'apercevoir, égaré sous les cieux,
Quelque nocturne oiseau de funeste présage,
Quelque signe de deuil, quelque sombre nuage;
Mais si rien ne l'attriste et si le ciel est beau,
Moins timide il descend dans le fond du tombeau;
Son effroi se dissipe, et, pour mieux s'en défendre,

Il touche de ses mains et les os et la cendre ;
Heureux bientôt, c'est là le prix de ses efforts,
De se sentir vivant, seul, parmi tant de morts.
Ainsi, près de plonger dans la sombre demeure [1]
Où toute vie expire, où tout gémit et pleure,
Tout!... excepté le crime et la stupidité,
Interdit, sur le seuil je m'étais arrêté ;
J'avais cru, même après cinq lustres d'intervalle,
Ouïr les derniers sons de cette heure fatale
Où, sans l'ordre des dieux, devançant mon trépas,
Vers l'abîme la Mort précipita mes pas ;
Mais le triste hibou, la sinistre corneille
N'ont d'aucun cri lugubre effrayé mon oreille.
J'ai regardé le ciel : une douce clarté
A réjoui mes yeux et mon cœur attristé.
Point de signe alarmant : si j'aperçois encore,
Au-dessus de ma tête, un pâle météore,
Présage de malheurs, grossir en s'élevant,
Pourquoi s'inquiéter? vienne et souffle le vent.

Ma Muse se relève au moment où tu tombes,
Ignace. Trop longtemps, au fond des catacombes,
J'ai souffert, innocent, d'ineffables douleurs ;
Le marbre du tombeau s'est mouillé de mes pleurs ;
J'ai vécu dans le deuil, les regrets, les alarmes,

---

1 Lugentes campi. *Æn. VI*, 441, amplifiés par le Dante.
    Per me si va nella citta dolente,
    Per me si va nell' eterno dolore,
    Per me si va tra la *perduta gente*.

    . . . .

    Lasciate ogni speranza, voi che intrate
                Dell' inferno, c. III.

Et je pourrais mourir sans exiger de larmes,
Sans effroi, sans remords. Contrit, humilié,
L'enfant, dans votre cloître, a d'avance expié,
Mes Pères, par six ans, un siècle de tortures,
De l'homme les erreurs et les fautes futures.
Longtemps il s'est cru mort à la vie, au bonheur,
A l'espoir; mais il goûte aujourd'hui la douceur
De la nouvelle vie et du jour qui l'éclaire,
En tenant dans ses mains votre urne funéraire.
Oui, mes Pères, le jour ne me fait plus défaut,
Et je vis; car je pense et je parle tout haut.
Que ma voix solennelle éclate et retentisse :
Je n'ai rien que je cache et dont mon front rougisse.
On peut fouiller mon cœur, envahir ma maison :
Point de honteux secret, de lâche trahison;
Ni poisons, ni poignards. Qu'on m'accuse et me somme :
Je ne crains pas les lois... ni de Dieu, ni de l'homme.
Celui-là seul se tait, se cache dans un coin,
Qui médite le crime et redoute un témoin,
Qui vit hors de la loi, contre la loi, qui tâche
De dérober sa tête au tranchant de la hache...,
Et c'est vous. Croyez-vous, sous des noms empruntés,
Me faire repentir de mes témérités?
Non : je livre à vos coups ma chair déjà meurtrie :
Je ne crains plus pour moi, je crains pour ma patrie.
De ma langue elle seule a rompu le lien;
Je lui dois tout, oui, tout, le mal comme le bien.
Car je vis de sa vie, et, citoyen fidèle,
Si la mort la frappait, je mourrais avec elle.
Puériles terreurs! le Peuple est grand et fort.
Trop repu, j'en conviens, c'est un lion qui dort.

Vous voulez le cerner dans ses vastes repaires?
Ne le réveillez pas. Je viens à vous, mes Pères.

Dans l'âge où l'on ignore; où, par nécessité,
La foi toujours s'impose à la crédulité;
Où l'âme, avec amour, s'attache au premier maître
Qui, tout en se jouant, l'instruit à se connaître,
Que m'avez-vous appris, ministres du Seigneur?
J'étais bon : m'avez-vous au moins rendu meilleur?
Malheureux! votre main, plus rude que robuste,
Loin de le redresser, a fait plier l'arbuste;
Une greffe étrangère a, sans utilité,
Usurpé les trésors de sa fécondité.
Ma mère, secondant une heureuse nature,
En avait mieux que vous dirigé la culture.
Si l'automne tardive a pour moi des présents,
Si je crois à des dieux humains et bienfaisants,
Ma mère, grâce à toi! Dès l'âge le plus tendre
Avec elle, au matin, je priais..... sans comprendre;
Mais je priais enfin. Un arbre, aux pommes d'or,
Sur ma tête agitait son mobile trésor ;
Le pampre verdoyant aux arceaux de la treille
Ajoutait à l'éclat d'une grappe vermeille;
Et, brisant son écorce à nos pieds, en débris,
La grenade punique étalait ses rubis.
Mais bientôt à travers les fleurs et le feuillage
Mon regard étonné distingue le rivage,
S'égare sur la mer, et, plus audacieux,
Mesure la montagne et plonge dans les cieux.
O bonheur! j'interroge, et ma mère, ravie,
Me révèle aussitôt le secret de la vie.

Quand le soleil brillait ; que les flots et les airs,
Enflammés, échangeaient de rapides éclairs ;
Quand la nuit sur le fond de ses plus sombres voiles
Laissait étinceler le feu de ses étoiles ;
Que de son disque enfin, sur les monts d'alentour,
La neige dessinant à demi le contour,
La lune apparaissait, reine auguste et divine,
Sous les plis onduleux d'un blanc manteau d'hermine,
Ma mère, en élevant ma pensée et mes yeux,
« Ce luxe t'éblouit ; ce soleil radieux,
Cette poudre embrasée, aux vives étincelles,
Cet astre que tu vois aux voûtes éternelles
Comme une lampe d'or suspendue avec art,
D'un océan de feux inondent ton regard.
Eh bien ! mon fils, à peine oseras-tu le croire,
C'est un rayon de Dieu, pâle éclair de sa gloire.
Il fut un temps où tout n'était qu'obscurité,
Où Dieu nous dérobait sa sainte majesté :
Le néant absorbait cette magnificence ;
Dieu dit..... et l'univers signale sa puissance.
Un mot suffit à Dieu. Rien n'était, et six fois
Sa parole au néant s'adresse ; à cette voix
Il s'émeut, il répond et la terre, docile,
Comme aux mains du potier se façonne l'argile,
S'arrondit ; le soleil, intrépide géant,
S'élance...... Ainsi la vie anima le néant.
Mais du Dieu créateur le plus sublime ouvrage
C'est l'homme : Dieu l'a fait à sa divine image ;
Le sceau de sa grandeur est empreint sur son front ;
A ce signe des cieux les portes s'ouvriront.
Détache tes regards de la terre chérie

Et porte-les plus haut : c'est là qu'est ta patrie. »

Ainsi disait ma mère ; et jamais de la foi
Rayon plus pénétrant ne fut dardé sur moi.
J'aimais et je croyais. Elle était jeune et belle
Et son âme espagnole, à travers sa prunelle,
Fascinait mon regard, électrisait mon cœur.
Crédule avec excès, jalouse avec fureur,
Elle était tout amour, piété, frénésie.
Les fortes passions avec leur poésie
Ont dévoré la femme, ardente à s'en nourrir,
Qui naquit pour aimer et vécut pour souffrir.
Ah ! j'ai souffert aussi d'une douleur amère :
Poésie et douleur ! c'est l'œuvre de ma mère !
Dieu le sait, il m'entend, si les hommes sont sourds :
Même en dépit de vous, je crois, je crois toujours ;
D'amour, même aujourd'hui, mon âme encor est pleine ;
Mais vous niez les dieux, et je vous dois ma haine.
Je le répète encor, puissé-je être écouté,
Oui, vous niez les dieux, leur amour, leur beauté,
L'art enfin libre et pur, l'âme qui le devine :
Elle vivait, voulait, et la voilà machine.
Peut-être ainsi de moi...... sous le ciel du Midi,
Loin de vous, si l'enfant, seul, n'eût déjà grandi ;
Fier et capricieux, comme un fils de la femme,
A ses vagues instincts il confiait son âme ;
Pauvre, bien pauvre, hélas ! sans en être alarmé,
Aimant comme sa mère, et plus encore aimé,
Heureux de son bonheur, il ignorait ses peines ;
Les jours étaient brillants, les nuits étaient sereines ;
A peine dans les airs, interrompant ses jeux,

La foudre de sa voix, les éclairs de leurs feux.
Présageaint à son cœur les soudaines tempêtes
Qui de nos plus beaux jours viennent troubler les fêtes.
Hélas ! pourquoi faut-il que la voix des mortels
Nous frappe avant la foudre, au pied des saints autels?

Avez-vous pénétré dans le funèbre asile,
Poétiques rêveurs dont la Muse facile
Aux rhythmes variés de la prose ou des vers
A soumis tour à tour les caprices divers?
Des premiers feux du jour l'horizon se colore;
La fleur s'épanouit aux rayons de l'aurore;
La nature s'éveille ; un doux frémissement
Fait tressaillir la terre. Eh bien ! dans ce moment
D'ivresse et de bonheur où tout vit et palpite,
Qu'avez-vous aperçu, dites-moi? le lévite
De son regard furtif, à travers les vitraux,
Suivre instinctivement, de barreaux en barreaux,
L'oiseau libre et joyeux. Une heure de prière
Captive dans son sein son âme prisonnière ;
Puis un morne silence et d'éternels ennuis.
Rappelant à l'esprit les rêves de ses nuits,
Il doit prêter un corps aux ombres effacées,
Qu'enfantent du sommeil les coupables pensées[1].
Si, pour mieux les cacher, le voile de l'oubli
Sur les spectres hideux laisse tomber son pli,

---

[1] A Picpus il y avait même une confession à haute voix. Je connais un pauvre diable, je veux dire un séminariste, qui faisait souvent éclater de rire tout
l'auditoire, par ses naïvetés. Passe encore; mais les patients pleuraient plus
souvent qu'ils ne riaient, surtout la première année. Il est à remarquer que les
nouveaux sont toujours les plus fervents.

Il doit le relever, essuyer leur menace.
En vain de ses deux mains il se couvre la face :
Ils paraissent toujours. De ces fils des démons,
Avant de les connaître, il apprit tous les noms.
Il sait les évoquer : pas un qui ne réponde ;
Ils soufflent tous les flots de leur haleine immonde :
Son corps n'est qu'une plaie où restent attachés
La lèpre originelle et le sceau des péchés.
Son regard s'obscurcit ; une vapeur grossière
Offusque ses deux yeux tremblants sous leur paupière.
L'éclat même du ciel va bientôt se ternir,
Si, prompts à réveiller un plus doux souvenir,
Les traits éblouissants d'une personne aimée
Ne brillent à travers cette épaisse fumée.
Alors il est heureux : il la voit ; de ses bras
La presse ; de ses pleurs l'inonde ; mais, hélas !
Alors qu'il croit l'entendre, une voix sépulcrale,
Comme un cri de la Mort qui gémit ou qui râle
Prononce la formule : Enfants, *Pensez-y bien*[1] :
Malheur à l'impudique, à l'impie, au païen :
Sous le poids de son crime il chancelle, il succombe ;
Les flammes de l'enfer jaillissent de sa tombe.
Et, pour parler aux yeux, les couleurs du pinceau
Du dernier jugement animent le tableau
Où l'artiste, unissant le terrible à l'étrange,
Charge, en dépit du goût, le trait de Michel-Ange.
Prestidigitateurs, vous voilà triomphants !
Glacer ainsi d'effroi l'âme de ces enfants !

---

[1] On connaît sans doute le petit livre qui porte ce titre, et qui est illustré de la manière la plus grotesque.

Vous êtes plus humains, lorsque sur un coupable
La loi laisse tomber son glaive inexorable !

Aux funestes effets de ces illusions,
Le cerveau se remplit de folles visions.
Là *tel* que sa faiblesse ou sa mélancolie
Prédispose à l'extase, arrive à la folie
Et, victime innocente, en proie à ses tourments,
Repousse de l'enfer les noirs embrassements.
Puisse du moins sa mort, effroyable mystère,
Expier les erreurs de la *femme adultère*,
Qui vint ensevelir dans cet obscur séjour
Le fruit désavoué de son royal amour.

Du grossier laboureur la passive énergie
Brave mieux de Satan l'infernale magie :
Pour lui le sanctuaire est un lieu de repos.
Il fatiguait aux champs ; ici, frais et dispos,
Exempt de ce labeur si pénible et si rude,
Il sait jouir en paix de sa béatitude.
A lui seul la prière offre un puissant attrait :
Elle bruit sur sa lèvre, et son esprit distrait,
Lorsque, pour l'effrayer, tout l'enfer se soulève
Poursuit joyeusement le cours d'un heureux rêve.
De son ambition le prisme séducteur
Embellit à ses yeux l'église où le pasteur
Rassemble autour de lui la foule qu'il domine :
Il menace, on frémit ; il bénit, on s'incline.
De lui vient le malheur et la félicité ;
Il dispose du temps et de l'éternité,
Et du Seigneur enfin, par un bonheur insigne,

Sans l'avoir cultivée, il vendange la vigne.
Moins heureux, l'hypocrite affecte un air contrit ;
L'Indifférence dort ; la Malice sourit
Et, seule, la Vertu, pieusement crédule,
Se tourmente elle-même et s'arme du scrupule,
Attaquant, sur la foi d'un livre accusateur,
Des vices, des défauts familiers..... à l'auteur [1].
C'est l'esclave romain qui poursuit dans la lice
L'ombre des spectateurs, et hâte son supplice.
Ruse, folie, orgueil, sottise, anxiété,
Voilà les tristes fruits de votre piété [2].
C'est assez : je me rends à votre impatience,
Pour cueillir avec vous les fruits de la science.

Les nombres, les crayons, la règle, le compas,
Je dois vous l'accorder, ne vous conviennent pas.
L'âme ne peut plonger au sein de la matière :
Pur esprit, elle vole, elle vit de lumière ;
Et c'est ainsi qu'Élie aura sans doute osé

---

[1] Je fais allusion à l'examen de conscience qu'on sait par cœur avant la fin de la première année.

[2] On me dispensera, sans doute, des autres descriptions : lecture spirituelle dans l'étude, et seconde méditation, après la lecture ; messe et heures à la Vierge, après la messe ; entretiens pieux à la recréation du matin, sous la direction d'un chef de bande ; angelus, bénédicité, grâces, promenades méditatives à la grande recréation de midi et demi, prières à la Vierge et méditation à celle de quatre heures et demie ; lecture spirituelle, dans l'étude, et méditation avant le souper ; entretiens pieux, etc., à la recréation du soir ; prières du soir et longue méditation, exercices que j'ai tous pratiqués, les jours ordinaires, car je ne dis rien des dimanches et fêtes, du mois de Marie et de la retraite dont chacun connaît les funestes conséquences : fièvres cérébrales, aliénations mentales, etc. J'oubliais surtout les oraisons jaculatoires, les seules bonnes peut-être, par cela même qu'elles sont *ad libitum* et qu'elles peuvent venir à propos ; mais que de soupirs, de roulements d'yeux, de grimaces enfin !

S'élancer vers les cieux, sur un char embrasé [1].
L'homme que Dieu transporte à ces hauteurs sublimes
De l'espace et du temps sonde mieux les abîmes.
Du Verbe inspirateur le souffle pénétrant
Soulève sa poitrine ; un rapide torrent,
Comme l'aigle qui vole et le feu qui dévore,
Je ne sais quoi de grand, de nerveux, de sonore [2]
S'en échappe, bondit, entraînant après soi
La force qui subjugue et commande la foi.
A ce torrent sacré dont la source féconde
Précipite son cours, et traversant le monde,
Retrempe les vertus de l'homme, des États,
Comme le Spartiate au sein de l'Eurotas [3],
Forcez-vous à plonger vos saints anachorètes ?
Montrez-nous, aujourd'hui, ces robustes athlètes
Dont les flots aient ainsi fortifié le corps.
A peine oseraient-ils en côtoyer les bords.
Tel un nageur timide, en tremblant, sur la grève
Mouille ses pieds et fuit si la vague s'élève.
Fuyez donc avec eux, fuyez ; car l'avenir
A vous, à vos enfants ne peut appartenir.
En passant, croyez-vous imprimer sur le sable
De vos pas chancelants la trace ineffaçable ?

[1] ..... Ecce currus igneus et equi ignei..... et ascendit Elias per turbinem in cœlum. IV, *Reg*. II, 11.

[2]   Ingenium cui sit, cui mens divinior, atque os
      Magna sonaturum.

HORACE, *sat.* IV, *lib*. I.

[3] C'était dans le Plataniste, île artificielle formée par les eaux d'un canal de l'Eurotas et d'une autre petite rivière (quelques-uns la nomment le Gnacion d'après Plutarque, *in Lyc.*, 8) que combattaient entre eux les jeunes Spartiates cherchant à se pousser mutuellement dans les flots ἐς τὸ ὕδωρ ὠθουσιν ἀλλήλους; Pausanias, *Lacon*, *XIV*, et Lucien περὶ γυμ. ν. 36 συνωθοῦντες ἐς τὸ ὕδωρ.

La mer monte et tout signe est bientôt effacé ;
On ne distingue plus où les pieds ont passé.
Puisse, de vos forfaits, le reflux de cette onde
Effacer, dans nos cœurs, la trace plus profonde.
Je poursuis.

        Affectant de superbes mépris,
Vous négligez les corps, amoureux des esprits.
Aux vigoureux élans de sa veine inquiète,
Voit-on l'historien, l'orateur, le poëte
Sous la plume animer les siècles renaissants,
Prêter aux passions leurs plus nobles accents,
Et près de l'arche sainte, à l'heure du mystère,
Visitant de David la harpe solitaire,
Marier ses accords à vos pieux désirs
Et confondre vos pleurs et ses derniers soupirs ?
Captifs silencieux sur la terre des Gaules,
Vous l'avez suspendue à la branche des saules [1].
Seul, hélas ! le profane, à l'ombre des forêts,
La sollicite encor de ses doigts indiscrets ;
De sa voix, seul encor, l'étranger, hors d'haleine,
S'épuise à déployer l'éloquence mondaine.
Dans vos temples déserts d'où le peuple avait fui
Il rassemble, à grands frais, la foule autour de lui
Et, pour venger des saints l'honorable mémoire,
Émousse vainement le burin de l'histoire.

Mais c'est trop exiger ; vous venez un peu tard :
Athènes du génie eut la plus grosse part ;
Solyme la dispute à sa démagogie ;

---

[1] In salicibus..... suspendimus organa nostra, *Psalm.* 136.

Rome ensuite ; après nous, vient la Philologie.
Aussi quelle maigreur ! le Présent est forcé
De vivre malgré lui des restes du Passé.
C'est triste ! mais, à part toute délicatesse,
Leur suc peut bien suffire à nourrir la Jeunesse
Et même l'Age mûr. J'ai vécu parmi vous,
Mes pères ! du passé seriez-vous si jaloux
Que de l'ensevelir dans vos bibliothèques,
Immeubles sans rapport et grevés d'hypothèques ?
Entre nous, du passé c'est prendre trop de soins.

Lhomond[1] fournit d'abord à mes premiers besoins ;
Jouvency[2] précéda je ne sais quel rhapsode[3]
Qui sut donner aux Juifs un habit à sa mode.
Sulpice[4] n'était pas assez bon sacristain,
Mes pères, jusqu'ici pas un mot de latin.
Du Cerceau[5], Desbillons[6] et le père Vannière[7]
Travestissaient aussi, chacun à sa manière,
Et Térence et Virgile et Phèdre. Polignac[8],

[1] *Epitome hist. sacr.*

[2] *Appendix de Diis*, etc.

[3] Ici ραπτειν et non ράϐδος.

[4] Sulp. Sévère. *Hist. sacr.* Je m'étonne qu'on ne m'ait pas fait au moins expliquer sa *vie de saint Martin*, laquelle, sans parler de l'élégance très-connue de l'auteur, et du mérite particulier de cette relation d'un témoin oculaire, est un des monuments les plus précieux de la Thaumaturgie.

[5] *Varia carmina.* Chose curieuse ! j'ai joué, sans les comprendre, son *Filius prodigus* et le *Jephté* de Buchanan.

[6] *Fabulæ æsopicæ* qu'on apprenait par cœur et dont on disloquait les vers pour nous les faire reconstruire.

[7] *Prædium rusticum.* En général, disons de toutes ces rhapsodies qu'elles ne sont jamais moins mauvaises que lorsqu'on y retrouve *discerpti membra poetæ.*
HORACE, *sat.* IV, *lib.* I.

[8] L'Anti-Lucrèce. On ne saurait être plus spirituellement absurde que M. Villemain dans son article *Lucrèce* de la biographie : « Un grand poète athée, voilà

Mets assez indigeste et lourd à l'estomac,
Me pèse encor. Lucrèce aurait eu trop d'aromes.
L'Écossais Buchanan [1] m'assaisonna les psaumes
Que Pétau [2] m'eût servis bien mieux paraphrasés,
Si j'avais su le grec. O les malavisés!
Photius vous effraie, et, quoique en décadence,
Rome abhorre à la fois et schisme et renaissance.
J'ai su, dix ans après, que Le Bossu [3], Rapin [4],

sans doute un singulier phénomène, etc. » Il devait savoir que le talent du poëte est toujours indépendant de toute idée religieuse ou métaphysique. La poésie va partout où la passion la pousse, d'autant plus belle que la passion est plus vive, et plus grande la force ou la simplicité d'expression. Le poëte le plus spiritualiste n'est poëte que par la partie la plus matérielle de son œuvre, l'image, l'expression.

> Μάκαρ ὅστισ βορὸν ὕλας
> Προφυγὼν ὕλαγμα, καί γᾶς
> Αναδύς, ἅλματι κούφω
> Ἴχνος ἐς Θεὸν τιταίνει.

J'ose à peine traduire : Heureux celui qui se dérobe aux aboiements, à la voracité de la matière, et qui, d'un saut léger s'élançant de la terre, dirige ses pas vers Dieu. M. Villemain connaît-il rien de plus beau que ces quatre vers de la première hymne de Synésius? Cependant tout y est objectif, et s'il y a quelque chose à reprendre, ce ne peut-être que le mot Θεὸν, qui ne l'est pas assez. Proclus est à une grande distance de l'évêque de Ptolémaïde; mais enfin c'est un poëte..... mystique. Je demanderai à M. Villemain quel est le plus poétique de ces deux vers de son *Hymne au soleil* :

> Δειμαίνουσι δὲ σεῖο θοῆς μάστιγος ἀπειλὴν
> Δαίμονες ἀνθρώπων δηλήμονες, ἀγριόθυμοι.

Ils redoutent la menace de ton fouet rapide, — les démons, corrupteurs des hommes, et féroces, etc., et que demande à Minerve le Néoplatonicien.

> Τέκνα, λέχος, κλέος ὄλβιον, εὐφροσύνην ἐρατεινήν, etc.

Vous vous contentez à moins, M. le ministre !

[1] Ses tragédies latines lui faisaient pardonner son *Franciscanus*.

[2] Mme Ve Nyon nous fournissait d'énormes J.-B. Rousseau avec la double paraphrase en vers latins et grecs de Buchanan et de Petau.

[3] *Traité du poëme épique.*

[4] *Comparaison des grands hommes de l'Antiquité.*

Et, du moins plus heureux, le vertueux Rollin
S'étaient approprié le domaine stérile
Qu'avant eux Fabius [1] laboura de son style,
Et que le Stagyrite [2], à qui rien n'est caché,
Denys [3], Démétrius [4] avaient tous défriché.
Passe encor ; mais, hélas ! judicieux Horace,
A Vida devais-tu céder ainsi ta place,
Et devais-je ignorer tous ces historiens
Qui, plus ou moins connus, et païens et chrétiens,
M'étaient tous étrangers, quand leur docte Annaliste [5]
Dans ses deux in-quarto m'en déroula la liste.
Ah ! laissons là l'histoire ; aussi bien sur ce ton,
Je pourrais m'élever jusqu'à l'Anti-Cotton [6]

[1] M. Fab. Quintilien. *Instit. oratoriæ.*

[2] Aristote, *Rhétoriq. Poétiq.* etc.

[3] D'Halicarnasse περὶ ἀρχ. *Mémoires sur les anc. orat. Jugement sur Thucydide*, qu'il maltraite fort, etc., etc.

[4] De Phalère ou d'Alexandrie comme on voudra, περὶ ἑρμενεία, *ou de l'Élocution.* Je prie seulement le lecteur de ne pas le confondre malicieusement avec le Cynique à qui (comme, du fond de son exil, il s'emportait encore plus contre la monarchie, πολλω πλείω κατὰ Μοναρχίας κατέδραμε) Vespasien disait : σὺ μέν πάντα ποιεῖς ἵνα σε ἀποκτείνω ἐγὼ δὲ κύνα ὑλακτοῦντα οὐ φονεύω, tu fais tout pour que je te mette à mort, mais je ne tue pas un chien qui aboie. O clémence ! *Voy.* Dion, *l.* XVI, 13.

[5] G.-J. Vossius, un volume pour les hist. grecs, un autre pour les latins. Hélas ! je ne connaissais que les tout petits abrégés chronologiques, in-18, plus Lhomond et Loriquet ; et la première fois que j'entendis nommer le savant évêque de Césarée, je le pris pour l'aïeul de M. Eusèbe Salverte ; heureusement je lus plus tard l'*Essai sur les noms propres*, etc., de ce dernier Savant.

[6] *L'Anti-Cotton, où est prouvé que les Jésuites sont coupables du parricide d'Henri IV. Paris,* 1610, in-8°, et à la suite de l'histoire de l'admirable dom Inigo de Guipuscoa ; La Haye, 1758. Voici le quatrain qui termine cette satire.

A la Royne.

Si vous voulez que votre État soit ferme,
Chassez bien loin ces tygres inhumains,
Qui, de leur roi accourcissant le terme,
Se sont payés de son cœur par leurs mains.

Mais plus que le poignard je crains le ridicule.
A l'aspect du critique, armé de sa férule,
Je vois que le lecteur, à bon droit rebuté,
S'est déjà plaint à lui de mon aridité.

Mes pères, vous sentez que ma Muse érudite
Ne peut vous faire honneur de son faible mérite.
Plus habile que vous, en lui tendant la main,
La Sorbonne a mieux su l'amuser en chemin.
Et lorsqu'il arrivait, tout à coup, moins accorte,
Sur le nez du poëte elle a fermé sa porte
Deux fois ; j'en saigne encor : jugez s'il m'en souvient !
Je dois rendre, aujourd'hui, ce qui leur appartient
A Dieu comme à César ; aux deux, selon leurs œuvres.
L'Église et la Sorbonne ont d'adroites manœuvres !
J'avais cru..... mais Ignace entre ici, comme ailleurs.
Du moins que tout novice, instruit par mes malheurs[1],
S'il lit, inoccupé, ma triste macédoine,
Apprenne à respecter le jésuite et le moine.
Et s'il fallait choisir du bélier ou du bouc,
Qu'il n'hésite jamais à plier sous le joug
Du paisible bélier soumis à la houlette
Du pasteur gallican qui le pousse ou l'arrête,
L'atrophie à propos, épuise sa vigueur
Ou l'engraisse et le tire ainsi de sa langueur.
Mais qu'il chasse au désert le vieux bouc émissaire[2] ;

---

[1] . . . . Phlegyasque miserrimus omnes.
    Admonet, etc.   *Æn*. VI, 648.

[2] Et sumptum sanguinem hirci fundat..... postquam emundaverit sanctuarium
et tabernaculum et altare..... hircum viventem..... emittet..... in desertum.
Levitic. XVI, 18 et seq.

Qu'ainsi purifiant l'autel, le sanctuaire
De son glaive, et plutôt aujourd'hui que demain,
Il frappe à tour de bras le lâche ultramontain,
Qui, sans un Dieu propice, aveugle mais agile,
Sous le boisseau, cachait Homère après Virgile,
Deux trésors.

        Trop longtemps dans le cloître enfouis,
Ils brillèrent enfin à mes yeux éblouis.
Dans quel état, bon Dieu[1]! victimes du Papisme,
Marqués au noir cachet d'un sombre obscurantisme,
Ils étaient tout poudreux et les docteurs lettrés,
N'en avaient point fourni les feuillets illustrés[2].
Barnès[3], Clarke, Knight, Wolf, Burmann, Heyne, personne
N'avait encor tressé cette lourde couronne,
Où s'ajoutent toujours quelques nouveaux fleurons,
Et qui des deux auteurs écraserait les fronts,
Si le Ciel n'eût donné plus de force à leur buste
Que n'en eut Pisistrate[4] ou le divin Auguste.
C'étaient deux vrais bouquins, sans explanations,
Variante, excursus, sans adnotations,
Prolégomènes, rien : texte, pas davantage;
Eustathe[5] et Servius eussent frémi de rage.

[1] Hei mihi, qualis erat. *Aen* II, 274.

[2] Illustratus, illustravit, etc.

[3] Savants éditeurs d'Homère et de Virgile, trop connus des philologues ou trop indifférents au reste de mes lecteurs pour que j'énumère ici leurs titres.

[4] ..... Cujus eloquentia litteris instructior..... quam Pisistrati? qui primus Homeri libros, confusos antea, sic disposuisse dicitur ut nunc habemus.

                    CICÉRON, *de Oratore*, III, 34.

[5] Archevêque de Thessalonique, vivait au douzième siècle. Son commentaire sur l'Iliade (παρεκϐολαὶ, extraits). Bâle 1560. 3 vol. in-fol. Il avait été précédé par Didyme, qui vivait sous Auguste. — Servius est le plus important et le plus ancien commentateur de Virgile, ses notes se trouvent dans l'édition de Burmann.

Je me jetai sur eux, prêt à les dévorer.
Homère m'arrêta : comment le digérer ?

D'un saint Luc, au hasard, sans le secours du maître,
Je devinais le sens en déchiffrant la lettre,
Lorsqu'un malin diacre, assez mauvais sujet,
Fit changer à mon cœur d'habitude et d'objet.
Avant d'entrer au cloître, assez bon helléniste,
Je ne sais trop comment, en suivant à la piste
Les volages beautés qui l'avaient égaré,
Des plus exquis parfums il s'était enivré.
Sans doute, en se jetant toujours à la traverse
L'Amour malicieux laissa tomber Properce,
Et Catulle et Tibulle avec le faux Gallus [1],
Musée, Anacréon, Théocrite, Moschus :
Tout butin nous est bon ; puis la vie est si belle !
Il en savait assez, pour enflammer mon zèle.
Il était temps ! peut-être un ou deux ans de plus,
Et les plus grands efforts devenaient superflus.
J'écoutai. Rappelant à sa triste pensée
Les joyeuses erreurs d'une longue odyssée,
Encore impatient d'en reprendre le cours,

---

[1] *Maximiani etrusci*, qu'on avait pris d'abord pour Cornélius, et dont les six élégies sont aussi indignes de la place qu'elles occupent dans mon petit Properce, que le préfet d'Égypte l'était de l'amitié de Virgile. Je n'attribuerai même pas à Cornélius Gallus, c'est-à-dire à un grand poëte du siècle d'Auguste, le petit poëme maniéré qu'on lui attribue plus volontiers. *Lydia, bella puella, candida,* et où l'on trouve ces vers que l'on croirait écrits par un poëte de nos derniers siècles :

> *Conde papillas quœ me sauciant*
> *Candore et luxu nivei pectoris.*

Ce n'est pas cependant qu'Ovide ne pût fournir des exemples de ce mauvais goût.

Il me contait sa peine. A de chastes amours
Ithaque n'offrait pas cette épouse fidèle
Dont l'absence eût pu faire une amante nouvelle.
L'image du passé l'obsédait : l'insensé
Aurait même, je crois, dans les bras de Circé,
Oubliant les plaisirs de la douce Ogygie,
Livré toute son âme aux fureurs de l'orgie.
Mais il avait du bon : loin de me pervertir,
Accessible aux remords, aux traits du repentir,
Il m'avouait souvent que l'amorce des vices,
A sa jeunesse offrant de précoces délices,
Aujourd'hui ravissait à sa virilité
Les fruits de la vertu dans leur maturité.
Si la religion, par l'attrait d'un sourire,
Eût charmé ses ennuis et calmé son délire,
La vérité bientôt eût dissipé l'erreur.
Mais de notre tombeau la ténébreuse horreur
Excitant les désirs d'une amoureuse envie,
Longtemps au Fanatisme il disputa sa vie [1]
Et reçut de Vénus, trop sensible à son sort,
L'égide impénétrable aux flèches de la Mort.
Les sages, si du ciel un fléau redoutable,
Sous ses coups destructeurs les abat, les accable,
Se couronnent de fleurs [2], et la fatalité
Respecte dans leurs rangs l'heureuse Volupté.

[1] Donne mie care, voi potete cosi come io molte volte avere udito che a niuna persona fa ingiuria chi onestamente usa la sua ragione. Natural ragione è di ciascano che ci nasce, la sua vita quanto può aiutare è conservare è difendere. Boccaccio. *Decam. introduz,* p. 24. Firenze, 1827, in-8°.

[2] ...... Li Giovani insieme colle belle donne raggionando dilettevoli cose, con lento passo si misono per uno giardino, belle ghirlande di varie frondi faccendosi, è amorosamente cantando. *Ibid.* 35.

Qu'on le blâme, malgré tout ce libertinage,
Mes pères, parmi vous il était le plus sage,
Et vous devez savoir que le docte Augustin
Fut, avant d'être un sage, un petit libertin ;
Petit..... et vous? Mais chut! au rusé moliniste
L'exemple d'Augustin révèle un janséniste.
Non, mes pères, l'exemple ici ne prouve rien ;
J'ai voulu vous parler d'un aimable vaurien.
De mon loyal ami l'innocente doctrine
Dérida de mon front l'austérité chagrine ;
Et l'Olympe, à sa voix, dans le sein de la nuit,
Allumant d'un éclair le flambeau qui me luit,
Fit pâlir à mes yeux l'éclat de tous vos cierges.
Puisse-t-il, en retour, des onze mille vierges
Voir ainsi (de ce vœu son cœur sera flatté)
Rayonner sur leur front l'éternelle beauté.
Pourquoi non?

    Hé! mon Dieu! tel qui crie au profane,
Cachait, sous les replis de sa noire soutane,
Pétrone et Apulée ; à ses alleluia
Mêlait les tristes vers de l'Aloysia [1]
Et, brisant les cartons du célèbre cantique,
Dévoilait les attraits de l'épouse mystique !
Ne vous souvient-il plus du petit colporteur
Qui, tant de fois chassé, comme un vil corrupteur,
Reparaissait toujours au bout de la quinzaine

---

[1] *Elegantiæ latini sermonis* seu *Aloïsia Sigea Toletana de arcanis Amoris et Veneris* attribué à Meursius, et reconnu pour être l'œuvre de Chorier, qui n'avait pas la même excuse qu'Ausone : *rogabat, qui jubere poterat, imperator Valentinianus.* Ajoutons avec le poëte : non *potentissimum* mais *turpissimum imperandi genus !* Ausonius Paulo S. *Edylium* XIII, ou *Cento nuptialis.*

Pour vendre au grand complet Piron et La Fontaine [1] ?
On ne surprit jamais aux mains de l'obstiné
D'Holbac, Dupuis, Pigault, Boulanger ou Volney.
Je ferais bon marché des docteurs de leur bande ;
Mais pourquoi laissiez-vous ainsi la propagande
Par la porte du cœur d'un si facile accès
S'introduire, attaquer, toujours avec succès ?
Viendriez-vous d'Amorgos, où l'ancien Simonide [2],
Décochait tous ses traits sur un sexe perfide ?

[1] A Dieu ne plaise que je veuille assimiler ces deux poëtes. Je relis toujours avec un nouveau plaisir l'auteur des contes et ne connais pas l'ode à Priape.

[2] Dont Simonide de Céos était le petit-fils ; il nous reste de ce poëte satirique des fragments d'iambes. Sans avoir lu ce que peut en avoir dit Kohler, je ne crains pas d'affirmer qu'il n'est rien d'écrit avec plus de simplicité. Ces vers portent le cachet de leur date, 666 avant J.-C. : ni emphase, ni déclamation. Je recommande à la jésuitesse ce passage de ses iambes contre les femmes : περὶ γυναικῶν.

La femme née de l'abeille, heureux celui qui la possède. A elle seule aucun blâme ne s'attache. Entre ses mains les biens d'une famille fleurissent et fructifient. Chère à son époux, qu'elle chérit, elle vieillit avec lui, après avoir engendré des enfants beaux et bien famés. Elle-même se distingue entre toutes les femmes et ne reste jamais assise au milieu d'elles, si Vénus se mêle à leurs propos. Une grâce divine est répandue sur toute sa personne. Jupiter accorde aux hommes par faveur ces femmes, de toutes les meilleures et les plus prudentes.

Je laisse aux jésuites le soin de faire connaître et d'exploiter les vices et les défauts qu'il reproche aux autres femmes. En attendant, ils se rappelleront qu'un autre Ancien, Lycurgue, ne permettait pas aux célibataires d'assister aux combats gymniques. Les magistrats les forçaient pendant l'hiver de faire tout nus le tour de la place, et de chanter une chanson faite contre eux, avouant qu'ils étaient justement punis pour avoir désobéi aux lois (ὅτι τοῖς νόμοις ἀπεθοῦσι). Dans leur vieillesse, ils étaient privés des honneurs et des égards respectueux que les jeunes gens rendaient aux vieillards. — Enfin, un jeune Lacédémonien ne se leva pas devant Dercyllidas (général d'une grande réputation) comme il entrait dans l'assemblée, et lui dit : Tu n'as pas engendré de fils qui puisse me céder sa place, οὐδὲ γὰρ εμοὶ σὺ τὸν ὑπείξοντα γεγέννηκας. Ah ! cuculli politiques (car les autres sont innocents), je ferais plus que de vous souffleter devant l'autel des dieux. Voy. Athénée, lib. 13.

Urbani, servate uxores, etc. Suétone, *in Cæs.* 51.

Et, n'osant de vos mains puiser dans son carquois,
Permettriez-vous du moins aux poëtes narquois
D'infiltrer les poisons de leur langue acérée
Dans la source où l'enfant boit la liqueur sacrée?
L'hymen vous fait horreur, et peut-être est-ce vous
Qui, pour mieux inspirer de funestes dégoûts,
Exigez que l'État étale sur la scène
Les monstrueux excès de la Tribade obscène[1]?

Du foyer conjugal les stériles débats
De l'arène civile-éloignant vos soldats,
Raviraient aux héros du nouvel Évangile
Du combat social la palme plus fertile.
Dans le cercle ordinaire au plaisir circonscrit,
Pliant sous même joug et les sens et l'esprit,
Les accès réguliers d'une fièvre érotique
Limiteraient le champ de la casuistique;
Et, réduite en aveugle à des tâtonnements,
La Science suivrait les mêmes errements,
Basant tous les calculs de son probabilisme
Sur le chiffre borné d'un étroit empirisme.
Comment fixer alors avec autorité

---

1 Il a fallu que ce fût un enfant de quinze ans qui m'ait appris, et depuis le fait m'a été certifié par plusieurs autres spectateurs, qu'il existait, rue de Cléry, une maison tolérée, où, moyennant 5 fr. de rétribution, les curieux pouvaient se procurer le plaisir de voir, *horresco referens,* dans de véritables cages, plus d'une belle Philænis qui,

Undenas vorat in die puellas;

passe pour les maisons de pædotribie, mais..... mais cela rapporte, et les hauts fonctionnaires publics et les casuistes peuvent s'y amuser et s'y instruire, *omne tulit punctum,* etc. Comme je n'ai pas lu les *Mystères de Paris,* et qu'il se pourrait qu'Eugène Sue n'eût pas dévoilé celui-ci, je prie ses amis de le lui recommander pour sa nouvelle édition.

L'âge de l'impuissance ou de la puberté [1];
Indiquer par un trait imperceptible, immense,
Où la vertu finit et le vice commence ;
Dire jusqu'à quel point un époux doit oser
D'un amour imprudent suspendre le baiser,
Égarer sur les bords de la coupe féconde
L'âme près de flotter comme Vénus sur l'onde ?
Il faut un champ plus vaste à l'Amour qu'à l'Hymen ;
Si, docteur, il décide, après mûr examen,
Il doit fouiller partout, avoir l'omniscience.
Un époux casuiste est sans expérience.

De ces détails empreints d'une aimable candeur
Mes Pères, j'ai du moins effacé l'impudeur :
De mon chaste pinceau la touche délicate
Voile les nudités de ces tableaux qu'il flatte ;
Tout, sous le clair obscur, y paraît..... déguisé.
Mais vous, dans la chaleur d'un zèle improvisé,
Priez-vous humblement la douce Poésie
D'épandre ainsi les flots d'une pure ambroisie ?
Si vous osez enfin profaner de vos doigts
L'urne de Ganymède, échansons maladroits,
Qui du boîteux Vulcain voulez suivre la trace,
Êtes-vous assurés de verser avec grâce ?

[1] Sans fouiller dans les ordures de la casuistique, on peut lire le joli passage de Macrobe *in somnum Scipionis*, lib. I, p. 28, de l'édition in-8° de Londres : Post annos autem bis septem ipsæ ætatis necessitate pubescit (je n'adopte pas la correction de Scaliger), tunc enim moveri incipit vis generationis in masculis et purgatio feminarum. Ideo et tutela puerili quasi virile jam robur absolvitur, de qua tamen feminæ, propter votorum festinationem, maturius biennio legibus maturantur, etc.; et le chapitre 7 du septième chant des *Saturnales*. On verra du moins avec quelle noblesse, quelle force d'expression, avec quelle rapidité de style on peut traiter ces matières.

Il marche, il se trahit, ministre ambitieux;
Un rire inextinguible éclate dans les cieux[1],
Tremblez; car aujourd'hui, ce fatal ministère
Ne provoquerait pas les rires de la terre!
Vous vous êtes longtemps abreuvés de ses pleurs;
Mais le ciel met un terme à toutes les douleurs.
Il nous a même offert déjà plus d'un remède;
Et, vous oseriez, seuls, alors que le mal cède,
Par vos attouchements altérer la santé
D'un peuple plein de vie et d'immortalité,
Mais qui sent tour à tour, par un confus mélange,
Fermenter dans son sein et l'éther et la fange?

Oui, sans doute, vos mains, que souilla tant de fois
Le carnage du peuple ou le meurtre des rois,
Peuvent impunément, au fond de leurs viscères,
Des pécheurs corrompus manier les ulcères
Et livrer au scalpel leurs corps inanimé;
Mais au contact impur votre ongle envenimé,
Dans une chair vivante, à travers l'épiderme,
Ne peut-il de la mort inoculer le germe?
Partout, sous le couvert de la religion,
Propager le virus de la contagion?

Au moment où je parle, où ma Muse timide
Craint, sur les pas tremblants de son modeste guide,
De heurter, imprudente, à quelque aspérité,
Du sol qu'elle défriche avec difficulté,
Plus timides encor, des vierges ingénues

---

[1] Ἄσβεστος δ' ἄρ ἐνῶρτο γέλως μακάρεσσι θεοῖσιν.

Iliad. I, 599.

Seules à vos regards s'exposent toutes nues ;
Elles baissent les yeux ; de leurs charmes secrets
A peine ont-elles su deviner les attraits.
Vous osez, sur le sein de ces Grâces divines,
Aux roses du printemps arracher leurs épines ?
Craignez de vous piquer ; craignez de les flétrir !
Sur une chair si tendre et facile à meurtrir
N'appuyez pas ; mais non : la main grossière et libre
Se promène partout, fait tressaillir la fibre,
Plonge avec volupté dans le cœur, dans le flanc ;
L'Augure voit couler les larmes et le sang,
Et lorsque, sous les traits d'une douleur aiguë,
Palpitante, à ses pieds, la victime vaincue
Tombe, pousse un soupir, laisse échapper un cri,
Implorant sa pitié, sans en être attendri,
Le cruel aussitôt, fidèle à ses usages,
Tire de sa frayeur les plus tristes présages.
Sous la trace des mains qui partout ont fouillé,
Chaque membre est impur, chaque organe est souillé ;
Il le voit : il s'indigne et sa fureur s'éveille :

« Vos yeux ont-ils jamais, dans le rêve ou la veille,
Sur de sales objets arrêté leur regard ?
La curiosité, peut-être le hasard
Aura pu leur offrir quelque honteux symbole,
Mort ou vif, pierre ou chair, sur l'homme ou sur l'idole.
Pour avoir négligé sur un pareil tableau
D'étendre, en rougissant, les plis de son manteau,
Cham fut maudit de Dieu. Seriez-vous anathème ?
Et, plus coupable encor, sur votre sein, vous-même,
Par l'abus d'un plaisir qui n'est jamais permis,

Auriez-vous éveillé les amours endormis?
Prévenez les écarts d'une main libertine
Et croisez saintement vos bras sur la poitrine [1].
Fermez aussi l'oreille aux profanes discours.
Un flatteur, appelant la ruse à son secours,
Pour chatouiller vos sens, a-t-il, avec adresse,
Loué votre beauté, parlé de sa tendresse,
Soupiré, prononcé quelque amoureux serment?
Aux soupirs, aux regards, aux aveux d'un amant,
A son silence, enfin, votre bouche discrète
S'est-elle refusée à servir d'interprète?
N'a-t-elle pas aussi, trahissant vos secrets,
De son âme plaintive adouci les regrets?
Donné de votre amour des preuves trop certaines
Et dans un long baiser confondu vos haleines? »

Que la femme s'expose à ses brutalités,
Je le veux : elles ont leurs douces voluptés ;
On peut dialoguer, faire assaut d'éloquence,
Enfoncer l'aiguillon de la concupiscence ;
Mais qu'elle ose livrer au saint Inquisiteur
Sa fille, pure encore, ô nature ! ô pudeur !
Ignace, j'en ai trois que j'aime avec ivresse ;
Je crains de les blesser lorsque je les caresse

---

[1] Que les vieilles pénitentes, car je n'oserais pas m'adresser aux jeunes, apprécient aujourd'hui la délicatesse de ces métaphores; mais je crains fort que, véritables amateurs de l'antiquité, elles ne préfèrent une certaine simplicité native. *Dilectus meus misit manum per foramen, et intremuit venter meus ad tactum ejus. Surrexi ut aperirem dilecto meo,* mais je prends ici Salomon en flagrant délit de métaphore : *Manus meæ stillaverunt myrrham, et digiti mei pleni myrrha probatissima.*

Ah ! s'il vous était possible de rougir !

Et je baise leur front avec timidité ;
Mais se sèche la fleur de leur virginité,
Que son plus doux parfum s'exhale, s'évapore,
Qu'avant l'Hymen, l'Amour puisse la faire éclore,
Et que, loin de répondre à mes soins assidus,
Sa tige m'offre enfin des fruits inattendus,
Plutôt que de te voir, paranymphe [1] hypocrite,
Leur dessiller les yeux avant l'heure prescrite,
Et déchirer ainsi, de tes doigts trop jaloux,
Le voile qu'ose à peine écarter un époux.
L'amour a ses dangers que l'adultère affronte ;
Mais il a son bandeau qui lui cache la honte ;
Il a sa poésie ! et toi, maudit, et toi,
Qu'as-tu ? toi ? tu n'as rien : ni Dieu, ni foi, ni loi ;
Mais la luxure au cœur, un masque sur la face,
Oui, le masque du Christ sur la face d'Ignace !
La Vierge est devant toi ; tu vas la dépouiller,
La..... mais non : impuissant ! et tu veux la souiller.
En l'honneur de tes dieux, par un lâche artifice,
Faire couler le sang avant le sacrifice,
Te venger d'un bonheur que ton ambition
Te refuse..... en public..... abomination !
M'écoute mon pays : oui, je déclare infâme
Qui te livre ou son fils, ou sa fille, ou sa femme,
Qui dans ta république, émule de Brutus,
Immole ses enfants .... leurs âmes, leurs vertus,

---

[1] Ne pouvant vérifier ce que disent du paranymphe Hésychius et Eustathe, *in Iliad. VI*, que je n'ai pas, je me contente de la définition du dictionnaire de l'Académie : Nom que les Grecs donnaient à une espèce d'officier qui présidait aux mariages, pour en régler les divertissements, et qui était spécialement chargé de la garde du lit nuptial.

Et leur laisse la vie, oubliant qu'un seul crime
Fit ordonner leur mort au consul magnanime.

La Vierge se taisait : le silence est aveu,
Ignace l'interprète, et poursuit avec feu :
« Oui, vous avez souillé votre blanche tunique ;
J'y vois encor le sceau d'un amour impudique ;
Vous le cachez en vain : je vois tout, et je sais
Jusqu'où le séducteur a porté ses excès.
Vierge folle ! il avait préparé votre chute.
La lampe s'est éteinte..... Alors, dans cette lutte,
Comme font deux époux que le prêtre a bénis,
Vos bras s'entrelaçaient, vos corps étaient unis.
De ces honteux liens vous gardez les empreintes ;
Ce n'étaient que soupirs, que brutales étreintes ;
Vos bouches aspiraient le plus subtil poison ;
Il dévorait le cœur, il troublait la raison.
Et, comme aux feux du ciel une terre embrasée,
Vos âmes appelaient une douce rosée. »

Mais la Vierge est muette, et ce n'est pas d'amour.
A l'oiseau fasciné l'œil ardent du vautour
Inspire moins d'effroi. Son aile se resserre ;
Il croit déjà sentir et le bec et la serre,
Pénétrer, déchirer. Tout son corps a frémi ;
Immobile, il attend l'invisible ennemi
Qui fond du haut des airs où son vol se déploie
Et s'apprête à saisir, à dévorer sa proie.
Telle a frémi la Vierge, et, d'un œil plus ardent,
L'éblouit le vautour qu'un chasseur imprudent,
Des flancs de l'Apennin, où la faim le tourmente

Attire sur le sol d'une terre opulente.

O ma douce Patrie! ai-je donc combattu
Pour Rome ou pour Lutèce? et ne cesseras-tu
De trahir ces enfants que l'amour de ta gloire
Attelait avant l'heure au char de la victoire?
Sous le poids de ton glaive on a su te plier :
Réduite à te couvrir de ton seul bouclier,
Sous les pieds des vaincus, quoi! tu fais ta tortue;
Tu soulèves ton dos, et ta tête abattue
Salue en s'inclinant, au sommet des créneaux,
Les fils de Loyola, des traîtres, des bourreaux!
Espères-tu qu'enfin, leurs âmes satisfaites
Oubliant en un jour leurs nombreuses défaites,
Ils veuillent pardonner à leur triomphateur,
S'il a pu, mercenaire et vil gladiateur,
Leur vendre au prix de l'or son bras et son épée,
Les aider à briser un glorieux trophée?
Non, non, ce triste jour aurait un lendemain,
Un lendemain plus triste; et l'insolent Romain
Dont les gladiateurs avaient servi la haine
Força plus d'une fois, sur la fatale arène,
Le dernier des vainqueurs, fier de sa cruauté,
A plonger dans son sein le glaive ensanglanté.

Sparte, lorsque la mort, de sa faux homicide,
Jonchait de citoyens les champs de l'Argolide,
De ses soldats tombés pour redresser [1] les rangs
Et conduire au combat de nouveaux conquérants,

[1] C'est presque le texte d'Athénée, liv. VI, chapitre des Esclaves.

Élevait au niveau des têtes les plus hautes
Les hommes les plus bas, le troupeau des ilotes [1].
Mars enflammant ainsi leur belliqueuse ardeur,
La victoire mettait le comble à leur grandeur ;
Et, parmi les héros, ces races abruties
Prenaient enfin leur part des nobles Syssities [1].
On ceignait de lauriers tous ces fronts radieux ;
Mais l'ingrate Cité, par un crime odieux,
Immolait en secret les meilleurs, les plus braves ;
La vie était permise aux lâches, aux esclaves.
Au mépris des traités et des plus saintes lois
Carthage, qui devait ses succès aux Gaulois,

[1] Les Spartiates, qui voulaient se défaire de splus braves ilotes, lui (Brasidas) en envoyèrent mille, choisis parmi ceux dont l'esprit était le plus élevé. Se flattant que la plupart d'entre eux succomberaient dans les combats..... plus cruels encore..... ils publièrent une proclamation pour inviter ceux des ilotes qui avaient rendu quelque service à Sparte à venir se faire inscrire, leur promettant la liberté. Deux mille se firent inscrire ; mais en même temps un ordre secret fut donné aux principaux citoyens de les mettre tous à mort dans l'intérieur des maisons. *Diod. sic. XII*, 68. Je m'étonne que feu M. Miot, dont je copie la traduction, n'ait pas su où Diodore avait puisé ce fait peu honorable, etc. ; il aurait dû lire attentivement son Thucydide, IV, 80, Καὶ προκρίναντες ἐς δισχιλίους οἱ μὲν ἐστεφανώσαντό τε καὶ τὰ ἱερὰ περιῆλθον, ὡς ἐλευθερωμένοι· οἱ δὲ ωὐ πολλῷ ὕστερον ἠφάνισάν τε αὐτους, καὶ οὐδεὶς ἤσθετο ὅτῳ τρότιῳ ἕκαστος διεφθάρη. Voilà pourquoi j'ai mis : on ceignait, etc. Quelle impassibilité dans l'historien ! M. Miot aurait dû lire aussi Plutarque, *in Lyc.* 41 (je ne prétends plus cette fois que Diodore, antérieur à Plutarque, ait puisé ce fait dans la vie de Lycurgue), et il y aurait lu le même fait et un autre moins honorable encore. On forçait les ilotes à boire avec excès..... ivres, on les menait dans les salles des banquets, pour montrer aux jeunes gens combien l'ivresse est honteuse. Là ils les obligeaient à chanter des chansons obscènes, et à danser ce que nos étudiants pourraient appeler la chahut et le cancan, Χορείας ἀγεννεῖς καὶ καταγελάστους. D'anciens Gaulois, pauvres esclaves, etc., Béranger.

[1] Aux repas communs, du moins je le suppose, puisqu'ils succédaient aux droits des époux morts dans les combats, ce qui leur faisait donner le nom d'ἐπεύνακτοι. Théopompe, au 32ᵉ livre de son histoire, que l'on regrette. Dans Athénée, VI.

Pour acquitter sa dette aux champs de la Sicile,
En fit, en un seul jour, égorger quatre mille [1].

Qui pourrait signaler à la postérité
Tous ceux que l'imprudence ou l'inactivité,
Après avoir détruit l'œuvre de leur courage,
A fait les instruments de leur propre esclavage.
De leurs foyers à peine ont-ils touché le seuil
Que, le bras désarmé, de la patrie en deuil
Impuissants à venger la triste servitude,
Ils gémissent ; en proie à leur inquiétude,
Forment pour l'avenir de stériles souhaits !
Mais, pour mettre à profit les loisirs de la paix
Et de la Liberté troubler même les rêves,
La Volupté s'amuse à détremper leurs glaives ;
Et courbé sur l'enclume, esclave de Vulcain,
Esclave des tyrans, le fier Républicain ;
Brise bientôt toute arme ou qui couvre ou qui blesse,
Qui d'un poids inutile accable sa faiblesse.
L'acier vole en éclats sous les coups du marteau,
Rougit, se liquéfie aux ardeurs du fourneau,
S'allonge..... et se transforme en une longue chaîne.
Tout espoir est déçu, toute menace vaine ;
La coupe du bonheur se couronne de fiel.

Aux deux points opposés de la terre et du ciel,
Seuls libres et rivaux, dans leur lutte inégale,
Le pontife et le roi de la chaîne fatale
Agitent les deux bouts, veulent se l'arracher,

---

[1] Voyez le troisième stratagème du seizième chapitre, liv. iii de Frontin.

Sur le trône ou l'autel, jaloux de l'attacher.
Du haut du Vatican, dont l'orgueilleuse cime,
Le pied profond se cache ou plonge dans l'abîme,
Dont la circonférence embrasse l'univers,
Le pontife sourcille [1] : alors cieux, terre, enfers....
Tout s'ébranle, et du sein de leurs triples royaumes
Volent de noirs essaims d'innombrables fantômes.
Moins pressés les épis flottent dans les sillons,
S'agitent, dans les airs, les épais tourbillons,
Les atomes errants dont le docte Épicure
Ou le brillant Lucrèce anima la nature ;
Moins horrible le spectre à l'oblique foyer
Va poindre lumineux, s'élargir, ondoyer,
Et, présentant à l'œil d'impalpables chimères,
Effrayer les enfants sur le sein de leurs mères.
On croit toucher au doigt la magique vapeur,
Elle approche, on frémit, on s'écrie, et la peur
De l'enfant à la mère, au père communique
Par un fil conducteur l'étincelle électrique.
A l'aspect imprévu des êtres surhumains
Le roi sent échapper à ses tremblantes mains

[1] Ἦ, καὶ κυανέησιν ἐπ' ὀφρύσι νεῦσε Κρονίων, etc.

Iliad. I, 528.

Adnuit, et totum nutu tremefecit Olympum

Æneid. IX, 106 et X, 115.

Terrificam capitis concussit terque quaterque
Cæsariem, cum qua terras, mare, sidera movet.

Métamorph. I, 179

Je préfère à ces trois versions le vers rapide d'Horace, III, ode I, v. 8, quoi-qu'il ait moins de majesté.

Cuncta supercilio moventis.

- Macrobe, v. 13 *des Saturnales*, nous apprend que les vers d'Homère avaient fourni à Phidias l'archétype, *archetypum*, de son Jupiter olympien.

La chaîne qu'il agite, il s'y tient, s'y cramponne.
Le pontife l'attire, et le roi, sur son trône,
Ses sujets, pêle-mêle avec lui confondus,
Dans un monde idéal y restent suspendus,
Attendant que la Mort, irritée ou propice,
Les pousse vers les cieux ou dans le précipice.
Heureux qui, dans sa vie, aux esprits infernaux
A disputé son âme, et d'anneaux en anneaux,
Le long de cette chaîne, avec force et constance,
A de la terre au ciel pu franchir la distance;
Qui, leur abandonnant son terrestre butin,
Voit, inclinés sous lui, saint Denis [1], saint Martin
Faire la courte échelle et les hisser au faîte.
Le ciseau du sculpteur a traduit le prophète,
Sur le tombeau des rois on lit à livre ouvert
Le sort que Dieu destine au pieux Dagobert [2].

O fantasmagorie, où le prodige abonde !
Mais il faut que la nuit soit épaisse et profonde,
Que d'un rayon soudain l'importune clarté
N'en dissipe jamais l'heureuse obscurité.
Les sinistres lueurs de tes torches funèbres,
Ignace, ont éclairé cette horreur des ténèbres,
Et la lumière a lui par les trous du boisseau.

[1] Je demande pardon à saint Maurice de n'avoir pu lui faire une niche dans mon vers; l'espace m'a manqué.

[2] Contre le mur, sous l'orgue et à gauche en entrant. Le monument a été restauré. Si vous n'avez pas le temps d'aller à Saint-Denis, voyez la gravure dans les *Monuments de la monarchie française* de Montfaucon, 5 vol. in-folio, règne de Dagobert. Et, pour la partie historique et mythique des visions du moine de Stromboli, qui vit de ses propres yeux la barque dans laquelle les diables entraînaient le *saint roi* dans l'enfer, *Frédégaire témoin, Chronique de Saint-Denys,* etc., etc.

Oui, Satan de l'abîme avait brisé le sceau [1].

Tes limbes les voilà, voilà ces gémonies [2]

Où des siècles passés les lentes agonies,

Qu'étouffe en vain le bruit de la foudre et des vents,

Ont à la voix des morts réveillé les vivants.

Une odeur de cadavre aujourd'hui s'en exhale ;

Dans les marais Pontins de la Rome papale,

Jamais tiède zéphyr [3] d'un souffle plus impur

Ne souilla les étés de son beau ciel d'azur.

Par ces marais infects, que ta secte maudite

Dans le puits de l'abîme enfin se précipite !

Nous les dessécherons et, debout sur leurs bords,

Du monde des Esprits et du monde des corps

Pour défendre l'accès à tes noires cohortes,

Nous fermerons sur toi d'inébranlables portes.

Si le salut du peuple est la suprême loi,

Si la vie est l'esprit, nous vivrons bien sans toi.

A chacun son vouloir, ses vertus et ses vices ;

La Liberté sans doute est pleine de caprices :

Elle hait le repos, elle aime se mouvoir ;

Le bonheur a la crainte, et le malheur l'espoir.

Toujours les passions mobiles, éternelles,

Par un rapide essor l'emportent sur leurs ailes.

Les transes de l'amour, les chances des combats,

---

[1] Apocalypse, xx.

[2] Ainsi nommées de Gemonius, ou, ce qui est plus probable, du verbe gémir, *quod gemitus locus esset,* c'était un lieu profond où l'on exposait les suppliciés sur des degrés, gemonici gradus, iæ scalæ, ou on les y précipitait les traînant avec un croc, *in gemonias abjectus uncoque tractus.* Suétone, *Tib.,* 61. On les en retirait ensuite, et on les traînait dans le Tibre, comme on peut le voir. *Ibid., Vitellius,* 27, *et inde unco tractus in Tiberim.* Les autres circonstances y sont bien détaillées : Tacite est plus bref. *Histor.* III, 85.

[3] Ou moins poétiquement le Sirocco.

Tout.... est jeu, mouvement. De la vie au trépas,
Flottant entre la foi, les désirs et le doute,
On va, sans trop savoir, sur quel point de la route,
Bornant enfin le cours de nos pas inconstants,
L'éternité succède à la chaîne des temps.
Et qu'importe, après tout, la mort ou la naissance?
Rien ne peut altérer l'incorruptible essence,
Ce tissu de la vie et de l'homme et de Dieu,
Dans l'espace invisible, apparent dans le lieu !
Et tu veux l'altérer, et tu veux, par système,
Détruire en nous la vie et l'œuvre de Dieu même !
Elle brûle et dévore : ah ! garde d'y toucher !
C'est toi, c'est toi qui meurs, réduit à te cacher.
Tu vois, dès que tu veux, sur nos places publiques,
Te glisser dans la foule et vendre tes reliques,
On te presse, on t'étreint ; les foudres de nos voix
T'écrasent aussitôt sous leurs coups, et tu dois
Redescendre au tombeau, t'y couvrir d'un suaire
Et dresser en public ton acte mortuaire.
Du séjour des vivants ne trouble plus la paix ;
Cadavre, va pourrir dans quelque vieux palais,
Avec tes courtisans, tes filles avilies :
Au peuple le Forum, à toi les Esquilies[1].

[1]
  Vos turba, vicatim, hinc et hinc saxis petens
    Contundet *obscœnas anus;*
  Post, insepulta membra different lupi
    Et esquilinæ alites.   Horace, *od.* V. 5,

Le lecteur peut à son gré leur donner dans les vers un rôle actif ou passif. On sait d'ailleurs quelle avait été la première destination des Esquilies avant qu'elles eussent été assainies par *Mécène;* c'est encore *Horace* qui nous l'apprend, VIII, satire I :

  Hac prius angustis ejecta cadavera cellis
  Conservus vili portando locabat in arca,
  Hoc miseræ plebi stabat commune sepulchrum, etc.

74